Scrittori del Novecento

Dello stesso autore
nella collezione Oscar

Il clandestino
La ladra
Le libere donne di Magliano
Il perduto amore
Per le antiche scale
Sulla spiaggia e di là dal molo
Tre amici

Mario Tobino

Biondo era e bello

Introduzione di Fausto Gianfranceschi

OSCAR MONDADORI

© 1974 Arnoldo Mondadori Editore S.p.A., Milano

I edizione Scrittori italiani e stranieri agosto 1974
I edizione Oscar Mondadori febbraio 1979

ISBN 88-04-45571-3

Questo volume è stato stampato
presso Mondadori Printing S.p.A.
Stabilimento NSM - Cles (TN)
Stampato in Italia - Printed in Italy

Ristampe:

22   23   24   25   26   27   28

2006   2007   2008   2009

La prima edizione Oscar Scrittori del Novecento
è stata pubblicata in concomitanza
con la decima ristampa
di questo volume

www.librimondadori.it

Introduzione

Biondo era e bello è un romanzo abbastanza atipico nell'opera letteraria di Mario Tobino, con quell'imponente protagonista, Dante Alighieri, cui si riferisce amorevolmente il titolo.

Negli altri libri di Tobino è costante l'attenzione alla gente semplice, minuta, malata, nella commossa persuasione che la creatura umana ha sempre una dignità indipendente dal suo peso mondano, è un mondo a sé da scoprire con meraviglia nei suoi risvolti segreti, tali, non di rado, da accendere impreviste illuminazioni sul senso della vita. Anche i poveri personaggi del manicomio ove Tobino svolge la sua professione di psichiatra – quelli che animano le pagine di *Le libere donne di Magliano*, di *Per le antiche scale* e di altri racconti – hanno un che di inalienabile, di complesso e di ricco, nonostante la loro malattia. Descrivendo una paziente convinta di aver sposato un diavolo e di poterlo maltrattare quando vuole, Tobino commenta: « Era l'immagine di una potente personalità, di una profonda capacità fantastica, era l'espressione di quel mistero meraviglioso che è l'essere umano » (in *La bella degli specchi*).

Biondo era e bello è invece, in un certo senso, il romanzo di un'assoluta sanità psichica, è la biografia di un protagonista che sovrasta superbamente volti anonimi e personaggi storici. Come si spiega questo salto improvviso dal piccolo al grande? Per comprenderlo bisogna rammentare altre due costanti di Tobino: l'amore per la poesia e per la forza recondita del linguaggio, e un aperto senso morale che inscrive ogni suo racconto nel giro di un bilancio dello spirito, riferibile alla percezione o al riconoscimento di un valore etico. Dante è la creatura sublime che impersona insieme la poesia, la forza della parola raccolta dal vivo della realtà, la concezione dell'esistenza come un servizio per la giustizia: e ciò spiega l'attenzione di Tobino alla vita di Dante, un'attenzione certamente non estemporanea, ché un romanzo come *Biondo era e bello* non si scrive di getto, ma è il maturato frutto di una ricerca e di una consonanza interiore di lunga data.

Tuttavia l'attenzione e la consonanza non sarebbero bastate; esse dovevano trasfondersi in materia letteraria originalmente tobiniana. E qui il rapporto dal piccolo al grande ha assunto un aspetto particolare. Tobino si era sempre avvicinato ai personaggi umili per scoprire la nascosta grandezza; ora si è avvicinato a un personaggio grande, grandissimo, per scoprirne i gesti più semplici, le motivazioni più immediate.

Da questa ottica nasce una biografia di Dante che è anzitutto un romanzo fresco e godibile. Poteva sembrare un'impresa impossibile, con tutte le incrostazioni auliche accumulatesi sull'immagine del « sommo poeta ». Mario Tobino, dopo averla certamente meditata a lungo, ormai nel pieno della sua maturità letteraria, ha avuto l'animo di tentarla, e l'esito è stato felicissimo. Già il titolo del libro, come definizione dedicatoria, segnala una scelta mossa più da affettuosa ammirazione che da accademico rispetto; una scelta che dà il tono giusto a tutte le pagine del romanzo.

Ne è sorto un libro da leggere come una vivacissima storia di oggi, o appena di ieri, ancora tumultuante e odorosa di passioni. L'amore per l'uomo oltre che per il poeta ha ispirato a Tobino una dolce familiarità intrisa di venerazione (tutto quel che riguarda Dante per l'autore è « sacro »). Sembra quasi di vedere lo scrittore di oggi mescolato fra quei discepoli, giovani e meno giovani, che – come egli narra – rasserenarono gli ultimi anni del poeta a Ravenna recandosi il pomeriggio nella sua casa, chiedendogli di raccontare le vicende della sua aspra esistenza, i personaggi incontrati, gli intrighi, i risvolti degli eventi che sarebbero diventati storia. La narrazione lievita in questo « ascolto », dove la devozione letteraria è costantemente ravvivata dall'interesse per le circostanze, le più forti e le più sottili, le private e le pubbliche, dalle quali la poesia venne formandosi.

È il mistero di questa trasfigurazione che affascina Tobino e coinvolge il lettore. Per indagarne l'intima natura, Tobino rovescia la prospettiva aulica, la quale scende malvolentieri dall'analisi delle opere sublimi per cercare riscontri nella vita; egli percorre narrativamente la vita minuta, nei suoi palpiti e nelle sue nascoste concatenazioni, per trovare il segreto punto d'incontro fra l'esperienza personale del poeta – il quale fu anche uomo di mondo, acceso personaggio politico, protagonista talvolta in prima fila dei fatti che lampeggiarono sull'alba del Trecento italiano – e la trasfusione di questa esperienza in creazioni ineffabili.

Oltre all'amore quasi familiare per l'umanità e la poeticità di Dante, nell'opera di Tobino c'è una sorta di congenialità verso la lingua. Anche una biografia attenta alle minuzie cronachistiche sarebbe potuta risultare fredda (e superflua, dopo tanti precedenti), se non fosse stata animata da uno stile narrativo adeguato alle intenzioni dell'autore, non retoriche né puramente celebrative, ma attratte dal piacere di immergere e di riscaldare la parola nel contatto con la realtà fervida che preparò la parola di Dante. Tobino insiste giustamente nel suo romanzo sul rapporto creativo e inventivo di Dante verso il *volgare*, individuato subito come motivo profondo dei primi successi pubblici del poeta: « I popolani hanno sentito dire che è latinista, poeta, filosofo; loro indovinano che è francescano, ha il furore del loro tempo, del Medioevo. Per il volgare lo mandano in Comune, per la gioia inusitata della propria lingua; finalmente e per la prima volta avvertire che tutto ciò che si ha nel sangue, nel cervello, nel cuore, lo si può esprimere a perfezione ».

È un tema che Tobino espone così bene perché lo comprende fino in fondo. Egli è uno dei pochissimi scrittori italiani che – senza lasciarsi deviare da maldestri e tardivi neorealismi, o da manierismi cosiddetti d'avanguardia – hanno conservato il gusto e il buon uso letterario della parlata viva (anche per lui come per Dante il toscano, sebbene non proprio il fiorentino). Il suo naturalmente non è un italiano dialettale, però la freschezza e l'immediatezza ne sono le componenti principali, ove si incastonano le felici illuminazioni dello stile.

La scrittura di Tobino è sempre sorretta da un'ardente partecipazione alla misura delle cose e al fervore dei sentimenti, al punto che cose e sentimenti possono mutuamente spiegarsi: « Perfino i sassi a Firenze avevano grazia, ogni strada sfaccettava il diamante, esatto equilibrio tra raziocinio e passione; le case erano intime e superbe, vive e loquaci anche quando i cittadini dormivano; le torri una selva ».

Nella percezione di questo rispecchiamento ha radice la forza metaforica del suo stile, che non mostra alcuna paura di sollevarsi, nelle immagini, dall'appiattimento letterario oggi considerato consonante al gusto del tempo, come nel bellissimo brano ove è descritta la tacita intesa fra Filippo il Bello e il suo emissario inviato ad Anagni per togliere dalla scena Bonifacio VIII: « i cortigiani sanno leggere nei silenzi del loro re, come avessero in mano una torcia camminano nei sotterranei della loro anima. Loro compito attuare le segrete volontà, raggiungere le non confessate mire, soddisfare quella vendetta che da lungo tempo rosica il cuore ».

Le pagine del romanzo accolgono grandi personaggi, dai re di Francia ai Papi, dall'Imperatore tedesco che scende in Italia per inseguire un sogno, al Grande Cane scaligero che anticipa i fasti di un principe del Rinascimento. Tutti però sono descritti, sono identificati nel loro ben marcato carattere, soltanto perché Dante seppe di loro, e perché egli soffrì o gioì delle loro azioni, perché diventarono i nobili materiali della sua arte. La prospettiva storica subisce un paradossale capovolgimento; non sono gli eventi a fare la grandezza della storia, è la poesia a fare la grandezza degli eventi: «Mesi bellissimi della storia d'Italia, perché un grande poeta assisteva a tutto ciò. Ogni episodio poteva eternarsi in poesia».

Nelle intuizioni di Jorge Luis Borges il creato non è altro che un grande libro, e soltanto altri libri possono contenerne per analogia la conoscenza e sorreggerne il filo. Anche per Tobino – il quale si esprime con stile meno geometrico e più appassionato – le grandi stelle del firmamento storico sarebbero addirittura spente se una Commedia non le tenesse in luce: «O voi tutti, Nogaret, Filippo il Bello, Alberto d'Austria, Guido da Montefeltro – e quanto mi piacerebbe sapere la storia di una creatura bella come Matelda, che ha tutte le seduzioni di una amante e le purezze di una vergine – anche tu, Bonifacio, libidinoso di comando, voi tutti del grande stuolo, se mi inchino sulle vostre figure con pazienza e fervore è solo per Dante, lui vostro sole, perché foste oggetto delle sue riflessioni, attento ai vostri moti, occupaste il suo animo, elementi della sua futura poesia».

Sulla scena campeggia sempre l'animo di Dante, il sentire di un poeta visto come l'uomo più grande del secolo, e oltre (il migliore di noi, lo definisce semplicemente Tobino); un uomo che in queste pagine ripercorre la sua esistenza, con gli ardori giovanili, con l'ansia di sapere, con le luminose visioni, con la fedeltà ideale che lo fa povero e fuggiasco, con il desiderio di conoscenza che lo fa pellegrino attraverso i castelli del Casentino per apprendere, dalla voce di chi le visse da vicino, le vicende destinate a imprimersi nella Commedia; infine con il grande disegno poetico che all'ultimo – mentre egli è visitato da santi e cherubini – gli impedirà di realizzare la speranza della quasi intera sua vita, ossia gli detterà la rinuncia a tornare a Firenze, ove lo accoglierebbero al prezzo di un rinnegamento: egli non può piegarsi, mentre sta contemplando il Paradiso. E non è il rifiuto di un superbo, di uno scontroso sognatore. Per Tobino – nelle pagine più belle del romanzo – l'intuizione paradisiaca è un'esperienza reale di Dante, l'apice del suo presentarsi all'autore come un'incontaminata personificazione dell'idea di giustizia, da cui scaturiscono sia l'arte sia l'impavida fede.

Tobino ha una maniera familiare e composta di far sentire gli slanci del cuore, che vengono prima della poesia e ne compongono la grandezza, come nel dolce episodio della mediazione tra i marchesi di Lunigiana e il vescovo di Luni a Fosdinovo: « Mentre si scandivano i passi attraverso la piazza, per arrivare alla porta maggiore del castello, Dante, contornato dai suoi, tutti vestiti in nobiltà, fu invaso da una svettante gioia, in quegli attimi scomparso l'esilio, in quegli istanti tutto dimenticato, felicità procedere in quel bellissimo paesaggio che per sfondo aveva il mare, procedere tra le insegne, presentarsi alla Chiesa come colui che ha per emblema la giustizia, e la brandisce, la offre, mondo da ogni turpe proposito ».

L'intensa partecipazione del racconto riavvicina il lettore, con emozione, a una straordinaria figura che era diventata suo malgrado troppo legnosa; ma per scioglierla dalla posa statuaria e per restituirla alla sua verità, Tobino non ha bisogno di usare nemmeno un grammo di quella « demitizzazione » che oggi sembra indispensabile per rendere attuali i grandi: il suo ingrediente è soltanto l'amore per il poeta dell'« amorosa sapienza ».

La stessa intensità di partecipazione opera anche sul tempo, quasi comprimendolo. Scrivendo di Dante, Tobino gli vive accanto, e sente e fa sentire la sua epoca come un passato molto prossimo, sollevando le « oscurità » di un Medioevo tanto poco oscuro da contenere la luce della Commedia, la luce di San Francesco (che accoglierà il poeta quando avrà cessato di respirare), la grazia solare delle pietre di Firenze e delle grandi cattedrali. Certo fu epoca di furori e di violenze, e in ciò si avvicina alla nostra; ma fu anche epoca ove il male poteva ispirare un desiderio di purezza, poteva trasfigurarsi in poesia, e in ciò si allontana dalla nostra. Può valere per il nostro tempo la meditazione di Tobino: « forse la grande Arte trae ispirazione dallo scatenamento di profondi sentimenti, che si distendono sotto la luce »?

Fausto Gianfranceschi

Bibliografia essenziale

OPERE DI MARIO TOBINO

Narrativa, poesia e varia

Poesie, Bergamo 1934
Amicizia, con nota introduttiva di Giuseppe Raimondi, Bologna 1939
Veleno e Amore, Firenze 1942

Il figlio del farmacista, Milano 1942; II ed. Firenze 1963

La gelosia del marinaio, Roma 1942

'44-'48, Milano 1949

Bandiera nera, Roma 1950; II ed. unitamente a *L'angelo del Liponard*, Firenze 1951; nuova ed. Milano 1962

L'angelo del Liponard, Vallecchi 1951, pubblicato con la II ed. di *Bandiera nera*; nuova ed. col titolo *L'angelo del Liponard e altri racconti di mare*, Milano 1963 (contiene anche una scelta dei racconti de *La gelosia del marinaio*)

Il deserto della Libia, Torino 1952

Le libere donne di Magliano, Firenze 1953; Milano 1963

Due italiani a Parigi, Firenze 1954

L'asso di picche, Firenze 1955

La brace dei Biassoli, Torino 1956

Passione per l'Italia, Torino 1958

Il clandestino, Milano 1962

L'Alberta di Montenero, Milano 1965

Sulla spiaggia e di là dal molo, Milano 1966

Una giornata con Dufenne, Milano 1968

Per le antiche scale, Milano 1972

L'asso di picche - Veleno e amore secondo, Milano 1974

Biondo era e bello, Milano 1974

La bella degli specchi, Milano 1976

Il perduto amore, Milano 1979

Gli ultimi giorni di Magliano, Milano 1982

La ladra, Milano 1984

Zita dei fiori, Milano 1986

La verità viene a galla. Commedia in due tempi, Milano 1987

Tre amici, Milano 1988

PRINCIPALI SCRITTI SU MARIO TOBINO

Una pregevole monografia dell'opera di Mario Tobino si deve a Felice Del Beccaro: *Tobino*, Firenze 1967

Altri contributi.

C. Betocchi, « Frontespizio », luglio 1935

A. Delfini, « Letteratura », gennaio 1940

G. Raimondi, ivi, aprile-giugno 1942

O. Frattoni, « Rivoluzione », dicembre 1942

G. Contini, ivi, maggio-agosto 1943 (in « Frammenti di un bilancio quarantadue »)

G. Bassani, « Emporium », aprile-giugno 1943, e in *Le parole preparate*, Torino 1966, pagg. 145-148

G. Petroni, « La fiera letteraria », luglio 1950

M. Luzi, « Il popolo », 6 dicembre 1950

F. Ulivi, « La nuova Antologia », maggio 1950

C. Bo, « La fiera letteraria », novembre 1952; ivi, aprile 1953; « Corriere della sera », 27 aprile 1966; ivi, 6 febbraio 1972; 18 marzo 1979

C. Varese, « La nuova Antologia », marzo 1953

A. Bocelli, « Il mondo », maggio 1953; « La Stampa », 19 aprile 1974

E. Montale, « Corriere della sera », 9 aprile 1954

F. Fortini, « Il contemporaneo », maggio 1954

E. Cecchi, in *Di giorno in giorno*, Milano 1954, pagg. 304-307, e in *Libri nuovi e usati*, Napoli 1958, pagg. 95-100

E. Falqui, in *Novecento letterario*, IV, Firenze 1954, pagg. 275-280; « Tempo », 9 aprile 1968

C. Garboli, « Il nuovo Corriere », 31 luglio 1955; e in *La stanza separata*, Milano 1969, pagg. 240-245

G. Ravegnani, in *Uomini visti*, II, Milano 1955, pagg. 291-296

N. Gallo, « Notiziario Einaudi », maggio 1956

V. Bodini, « Nuova corrente », gennaio-marzo 1959

G. Trombatore, in *Scrittori del nostro tempo*, Palermo 1959, pagg. 199-204

G. Pullini, in *Il romanzo italiano del dopoguerra*, Milano 1961, pagg. 162-164

P. Dallamano, « Paese sera », 29 maggio 1962

G. De Robertis, in *Altro Novecento*, Firenze 1962, pagg. 458-471

S. Antonielli, « Belfagor », luglio 1962

G. Pampaloni, « Epoca », aprile 1962; « L'Espresso », giugno 1966; « Corriere della sera », 18 aprile 1968; « Il Giornale », 1 ottobre 1974; 3 maggio 1976; 18 febbraio 1979

M. Forti, in *Le proposte della poesia*, Milano 1963, pagg. 128-130; « Il Bimestre », gennaio-aprile 1973

L. Baldacci, in *Letteratura e verità*, Milano-Napoli 1963, pagg. 225-227; « Epoca », 7 aprile 1968 e 9 luglio 1972; « Il Gazzettino », 27 giugno 1976

A. Frattini, in *La giovane poesia italiana*, Pisa 1964, pagg. 217-222

G. Bàrberi Squarotti, in *La narrativa italiana del dopoguerra*, Bologna 1965, pagg. 90-93

R. Jacobbi, prefazione a *L'Alberta di Montenero*, Milano 1965

G. Gramigna, « La fiera letteraria », 14 aprile 1966

V. Volpini, in *Prosa e narrativa dei contemporanei*, 2ª ed., Roma 1967, pagg. 203-205; e in *Pareri letterari e altro*, Verona 1973, pagg. 213-218

A. Seroni, in *Esperimenti critici sul Novecento letterario*, Milano 1967, pagg. 145-162

C. Marabini, in *Gli Anni sessanta, narrativa e storia*, Milano

1969, pagg. 239-257; in *La chiave e il cerchio*, Milano 1973, pagg. 83-94; « La Nazione », 1 maggio 1974; 25 ottobre 1974; 19 maggio 1976; introduzione a *Sulla spiaggia e di là dal molo*, Oscar Mondadori, Milano 1978; « Il resto del Carlino », 3 marzo 1979

P. Milano, « L'Espresso », 13 febbraio 1972

F. Gianfranceschi, « Il Tempo » 28 settembre 1974; 22 maggio 1976

F. Giannessi, « Il Giorno », 23 ottobre 1974; 25 febbraio 1979

G. Nascimbeni, « Corriere della sera », 23 ottobre 1974; 11 luglio 1976

L. Mondo, « La Stampa », 25 giugno 1976

P. Mauri, « La Repubblica », 20 febbraio 1979

G. Bonura, « Avvenire », 1 marzo 1979

C. Toscani, « Il Tempo », 9 marzo 1979

L. Baccolo, « La gazzetta del popolo », 13 aprile 1979

O. Lombardi, « La nuova Antologia », settembre 1979

G. Nascimbeni, « Corriere della Sera », 24 gennaio 1984

G. Bàrberi Squarotti, « Tuttolibri », 3 marzo 1984

C. Sgorlon, « Il Gazzettino », 13 marzo 1984

C. Augias, « Panorama », 20 luglio 1986

G. Nascimbeni, « Il Mondo », 11 agosto 1986

G. Nascimbeni, « Corriere della Sera », 19 aprile 1987

V. Pardini, « La Nazione », 25 aprile 1987

G. Lagorio, « L'Unità », 27 aprile 1988

G. Tesio, « La Stampa », 30 aprile 1988

G. Pampaloni, « Il Giornale », 31 luglio 1988

Biondo era e bello

I

– Nasce a Firenze nel maggio 1265. - Adolescente è colpito d'amore per una fanciullina della sua età. - Prende contezza del volgare. Sua amicizia con Cavalcanti. - Va all'Università di Bologna.
– Primi successi. - Si affaccia all'età adulta.

Il giovanetto prendeva convinzione di sé. In casa non aveva nutrimento di affetti. Il padre era usuraio, che a quel tempo non era un mestiere losco. Dante tenne il genitore sempre ignoto. Lui che ha confessato in tanti versi le viscere della sua vita, del padre neppure poche sillabe. Il vecchio Alighieri badava al suo negozio, amministrava i beni, riscuoteva gli affitti. Del figlio non aveva cura.

Nessuno in casa, al di fuori della sorella maggiore, avvertì lo straordinario destino. La madre era morta che lui era bambino.

L'unico profondo affetto nella sua infanzia fu per quella sorella. Una volta successe che Dante si ammalò, la febbre toccò le corde dell'immaginazione, tradusse i rapimenti, le fiamme. E poiché già a quel tempo di adolescente, acuta la critica lo accompagnava, avvertì che era per tradire il segreto di Beatrice, comunicare quel furente amore che la poesia non aveva ancora tramutato in purezza.

Addolorata e materna, testimone di quella esaltazione, la sorella maggiore gli si avvicinò, gentile di pietà, a sostituire la madre. Avvinta e preoccupata, chiamò le vicine di casa. Tutte furono turbate da quegli accenti che mancavano soltanto dell'invocazione a un preciso nome.

Al di fuori di questa sorella non ebbe Dante tepori familiari.

Nella sua casa in mezzo a Firenze, benché suo padre avesse preso una seconda moglie e da questa avesse avuto figli, per sé possedeva una stanzetta e questa fu testimone delle sue prime visioni; fulva fiera in una gabbia, il futuro davanti, una misteriosa ansia che invece di fiaccarlo lo faceva agile. Le parole gli uscivano schiette, avvertiva che doveva arricchirle. Continuava a praticare la musica e il disegno.

Un giorno gli zampillò dal cuore, nessuno gli aveva insegnato – liberato da un dio – il primo verso, volò via come dalla crisalide una farfalla.

La stanzetta solitaria, quelle modeste pareti assistettero al vento dei pollini che poi proruppero in piante. In quella stanzetta, unico rifugio concesso, unica sua proprietà, si ritirava, percosso d'amore, per rivivere gli attimi dell'incontro.

Aveva già udito qualche racconto di feroci scene fiorentine, quando il popolo andava alle case degli sbanditi e disfaceva, rubava, macchiava di sangue le panche di casa. I fiorentini narravano le storie con una lingua che si prestava alla denuncia di ogni peccato, pugnalava le cupidigie, le brame, diveniva diafana allorché si avvicinava ai nobili sentimenti. I fiorentini prima di rendere correnti le parole, le spurgavano come si fa per le lumache con la farina bianca.

Dante nella cameretta si provava a ripetere quelle parole, le scoccava, le assommava, intrecciava, avviluppava, e aveva i primi ripensamenti. Era un giovanetto tra le pareti di una stanza, ignoto a tutti, anche a quelli di casa. Solo quella volta della febbre, quando parole d'amore gli uscivano come da calde sorgenti, ebbe sopra di sé i volti delle donne intente ad ascoltare.

Benedette pareti! Nella prima età tutto si prepara. All'inizio dell'inverno il campo riceve il seme.

Ognuno ha la propria fortuna, ognuno è costretto a fare i conti con la sua situazione. Chi nasce in Germania, chi nel Mississippi, chi è graziosamente di Cartesio. Dante nacque a Firenze mentre questa stava preparando le condizioni perché germogliassero gli ingegni più grandi e al figlio preferito, a Dante Alighieri, impose il massimo compito: che rendesse eterna la lingua di Firenze, un linguaggio per tutta l'Italia, il volgare, non il latino, non la rotondezza degli avvocati, ma il genio che lampeggiava per le strade, nelle bettole, sillabato dagli artigiani, fiorito dai beccai, reso secco dagli stipettai, gonfiato dai tappezzieri, *il volgare*, quello che gli amanti sospiravano durante gli abbandoni.

Dante ebbe credenza nel suo solitario monologare, le visioni da lui generate divennero amate leggi.

Un poco più anziano di Dante, di appena cinque anni, che in quella età sono assai, passeggiava per Firenze un poeta già celebre, un certo Guido Cavalcanti, un bel giovane che si valeva della nobiltà della sua famiglia, della sua ricchezza; era invitato a ogni convito, adulato nelle cerimonie.

Quando il cardinale Latino venne a Firenze quale solenne mediatore di pace, in uno di quei vani tentativi di frenare il sangue, fu accolto con ogni pompa. I più celebrati di Firenze gli fecero ala nella grande piazza. Cavalcanti era vicino a Brunetto Latini, il gran sapiente di Parigi, arbitro di ogni mossa e novità. Alla firma, subito dopo Brunetto Latini fu Cavalcanti, altero ed elegante, a chinarsi a vergare il suo nome.

Cavalcanti era della scuola del bolognese Guinizzelli che per primo aveva detto umanamente, con gentile sincerità aveva cantato fanciulle su i prati, rosee per la danza, che attendono di essere con prepotenza abbracciate da giovanotti che soffrono per loro. Guido Cavalcanti cavalcava sdegnoso, l'alterezza aggiungeva fascino e mistero alla sua figura. La vita è rapida ed è da sciocchi disprezzare la fortuna di nascere in elevata posizione sociale.

Dante era figlio di un mediocre benestante, suo padre aveva la tacca dell'usura. Da lontano egli ammirava il gentiluomo Cavalcanti, avrebbe voluto essere come lui. Un giorno la fantasia supplirà, creandosi un degno antenato, lo metterà in paradiso, vicino a Dio, nella croce di Marte. Il trisavolo Cacciaguida parlerà come l'amato nonno al caro nipote, svelandogli i segreti del suo cuore e della sua fortuna, la nostalgia per una Firenze virtuosa, le chiome bionde chine su i telai; il nipote un grande poeta al bando, in esilio. Mai tornerà alla fonte del bel San Giovanni.

Il giovanetto intanto, nella sua piccola stanza, scrive dei

versi e osa mandarli al superbo cavaliere, a Cavalcanti. Con ansia aspetta. I mezzi di corrispondenza sono lenti.

Cavalcanti gli rispose da pari a pari; per questa generosità si acquisterà la gloria. E i due giovani si conobbero. Dante poi canterà ben altro che alcune cortesie, ma a Cavalcanti rimase riconoscente. Lui fu sempre fedelissimo a tutto ciò che indelebilmente si impresse nella prima età, a ciò che aveva delirato nella sua stanzetta, le prime immagini stampate col fuoco, le quali erano così nette che lo costrinsero ad avere di se stesso limpida rivelazione. E se già in quel tempo gli sfuggì una certa iattanza, che dette a qualcuno irritazione, fu perché il futuro a lui era stato annunciato; gli altri, i contemporanei, dominati da accese passioni, da loro non decifrate, non lo potevano indovinare o tanto meno semplicemente intendere.

Mentre a Firenze così si contrastava la vita e la si provava nella sua verità, Bologna, subito al di là dell'Appennino, era però il centro degli studi, l'università; ciò che Parigi sarà nell'Ottocento.

Chi era desto, lì doveva arrivare. Lì si acquistava la rettorica, il diritto, l'arte del dire, lì si incontravano quelli che aspiravano a virtù e conoscenza; lì la gioia di essere al mondo, non aver paura delle novità, il piacere di essere uomini, abbandonarsi a ogni umana legge, a ogni desiderio. Si trattava di oltrepassare il faticoso gelo degli Appennini, e Dante scese nella sanguigna Bologna.

Arrivò con la voglia di predare ciò che si sapeva nel mondo, e la libera bellezza delle donne, sfogare la sua lussuria, che lo fustigava quasi come l'ansia di dimostrare se stesso.

A Bologna dove andava, affascinava, i suoi versi si distinguevano, erano copiati, ripetuti. Un notaro bolognese trascrive nelle sue memorie un suo sonetto un pòco burlesco; la fama gli viene incontro. Tutto gli è facile e nello stesso tempo ogni giorno il cammino da percorrere gli appare più arduo e lungo. Non compie un corso regolare di studi, ritorna a Firenze. Suo padre è solo un mediocre benestante, la lesina appare nella economia domestica.

Ritornato a Firenze più profonde impressioni ricava dalla politica, sta diventando un uomo. Lotte, crudeltà, il sangue versato tra guelfi e ghibellini, la superbia che alita nelle famiglie, l'antagonismo dei casati. Sarà il suo mestiere pesare le cupidigie, mettere in ordine, scavare nell'inferno, ammolcire nel paradiso; e già intravede il grande proposito, la soluzione a tutto il male, che l'Impero regoli la terra e la Chiesa coltivi le anime.

I nomi del Farinata, del Mosca, del Tegghiaio che il popolo ripete con trasporto, accompagnandoli con i particolari delle loro imprese, dei loro detti, non se li doveva scordare mai più; né mai si dimenticò alcuna vicenda. I fatti di Firenze in lui diventavano fantasmi, i quali avrebbero un giorno imposto di essere fatti carne.

Come è bella la gioventù! Le immagini più violente la asserragliano e un momento dopo, alla festa mondana, ha sulle guance la rugiada della rosa.

Nel marzo del 1294 arrivò a Firenze il principe Carlo Martello d'Angiò. Era accompagnato da duecento cavalieri con gli sproni d'oro, mai si era vista tanta leggiadria. Erano avvolti da manti bianchi, celesti, di altri abbaglianti colori. Al loro passaggio i fiorentini concepivano quadri che poi sarebbero stati argomento di loro grandi pittori.

Al corteo si aggiunsero i nobili di Firenze. Fra questi fu Dante, del quale era stata avvertita la luce, si ripetevano i suoi versi d'amore.

Carlo Martello e Dante si conobbero e simpatizzarono. Il giovane principe ammirò in Dante il cavaliere, il musico, il poeta, indovinò un senso nuovo, che faceva piangere e sorridere insieme. Sembrò in quei giorni che la vita di Dante fosse una limpida gemma, iridata dal bel futuro; e la sua vita segreta era ancora più intensa. Continuava ad ascoltare dalle comuni lingue fiorentine le sanguinose storie dei guelfi e ghibellini, e poi si immaginava le scene, si ripeteva i dialoghi, e ogni volta una verità lo folgorava, lo travolgeva la struggente verità: *il volgare*, la lingua del popolo, con il volgare si poteva esprimere tutto, più musica del latino, fresco come il paesaggio della Toscana, robusto come i quadri di Giotto, di feroce tenerezza come le membra del Cristo di Cimabue. Non con il latino avrebbe detto ma con il volgare, con la lingua di tutti, con quella stessa che egli, in quella sua appartata cameretta, si immaginava ed esprimeva.

Questa scoperta del volgare l'aveva avvinghiato e lo tormentava, lo fustigava; lo costringeva verso la via del sapere. Impadronirsi di ogni notizia del proprio tempo, aver dominio su ciò che gli altri in passato avevano pensato, con l'astronomia indagare nel cielo, con l'attenzione frugare nel cuore dei contemporanei, nutrirsi del sangue latino e greco, affrontare la teologia, continuare a esercitar la musica e il disegno.

Così delirando di propositi, di decisioni, di giuramenti, Dante si affacciò d'improvviso all'età adulta. Tutto nel suo animo era già apparso, si trattava di fare. Aveva intuito la fatica, il sudore, quanta magrezza per il corpo. Aveva anche calcolato e giudicato che non ci sarebbero stati ostacoli più forti di quel vulcano che sibilava tra le trame del petto; avrebbe inventato la lingua italiana.

II

- *Dante pubblica la* Vita Nova, *e batte di notte le taverne con gli amici.*
- *Si azzuffa con Forese – a sonetti – e ne vengono fuori delle belle.*

Dante pubblica il primo libretto; è ansioso di farsi conoscere. La *Vita Nova* alterna prose e poesie; vi si narra di un innamoramento e alla fine l'autore giura di diventare un grande poeta. Le pagine sono fresche e sincere; certi raccontini e in specie i versi che celebrano la grazia della sua donna, di Beatrice, commuovono le giovani fiorentine e i loro innamorati. Il nome di Dante comincia a serpeggiare per Firenze.

Però i suoi amici – che si sono infittiti – lo conoscono per diverse e altre qualità, oltre le rime d'amore: è un conversatore inesauribile e spesso le sue parole si tramutano nel fuoco dell'eloquenza, di tutto discute, è lucido nell'astronomia e sorride quando si diverte con la musica o col disegno. Con lui non ci si annoia mai. Non solo Cavalcanti, l'elegantone e il Magnate, ci sta volentieri insieme, e Cino viene a trovarlo da Pistoia; i rampolli delle grandi casate lo ricercano, giovani più ricchi di lui, e insieme baldorieggiano.

Dante con l'impeto che possiede si tuffa anche nelle feste, nei bagordi notturni e fatalmente nacque uno scontro, una zuffa di sonetti, memorabile, perché svela di Dante il pozzo della natura, uomo che ha percorso ogni vicolo, passato ogni guado, prima di inoltrarsi sulla maestà delle grandi vie.

Uno dei compagni delle veglie notturne era Forese, Forese Donati, fratello di Corso, ardito e fiero; sua sorella è Piccarda, gemma di bellezza. La loro famiglia Donati è tra le più ragguardevoli di Firenze.

Forese era famoso per la lingua serpentina. Ma anche a Dante le parole perforanti davano un gran gusto. Va bene parlare d'amore secondo la moda ma manovrare la lingua come il popolo, saettare uguale al pescatore con la fiocina quando conficca il tridente nel dorso, è piuttosto bello.

Questo scambio di sonetti è illuminante per conoscere la gioventù di Dante, gli anni col sangue acceso. Li seguiremo uno ad uno.

Successe un primitivo screzio tra Dante e Forese. È noto come le sbornie spesso si intorbidano e gemmano, buttano insulti e risse.

Ci fu uno scherzo di parole che rapidamente si incendiò. Era cominciato per caso, una notte.

Dante, tornato a casa, sente ancora cuocergli sulla pelle il brucìo di qualche parola. Prende la penna, gli si trasforma in uno stilo, e colpisce l'amico dentro casa, nel talamo, tra il segreto delle lenzuola. Il sonetto è presto fatto. La sera dopo lo legge agli amici, e poi lo consegna a Forese:

"Tua moglie tossisce, quella continua tossettina secca! Per forza ha sempre freddo, anche col solleone d'agosto. Ha voglia, poveretta, di dormire imbacuccata, fasciarsi di lana, mettersi guanti alle mani e calzerotti ai piedi, son tutti rimedi che in questo caso non servono. Essa è giovane, avrebbe gli umori vivi. La colpa è esclusivamente tua perché non l'abbracci, non te la tieni, non ci fai niente, hai ridotto il suo nido una ragnatela diaccia. Ha ragione la madre della tua sposa d'essere avvilita per questo matrimonio. Quanto sarebbe stato meglio se l'avesse data al conte Guidi, almeno l'avrebbe presa senza dote. Il vecchio Guidi l'avrebbe lasciata fredda còme te, ma almeno la famiglia non avrebbe sborsato."

Forese gli risponde. Il lato debole di Dante lo conosce:

"Datti meno arie, sei un poveraccio, frequenta i tuoi pari, morto di fame."

Forese Donati era uno dei tanti che vivevano intorno al 1290 e proprio a lui capita – valendosi anche della fortuna familiare – di misurarsi con Dante. Per la verità la lingua la manovra bene, è figlio del suo tempo, ed anzi di fronte a

Dante è più spavaldo perché ha meno da rischiare. Dante ha già avuto una visione, il senso della gloria, dentro di sé è costretto a un paragone eterno. Per Forese è facile immedesimarsi in quell'unico litigio, si mette tutto lì, in quella sola faccenda che senza molto sudore ancora oggi lo fa ricordare.

L'uomo vuole innanzitutto non morire, si muove soltanto per questo; per lasciare di sé la più duratura immagine tira il morso fino alla schiuma. Forese afferrò l'occasione, il suo genio fu indovinare che si misurava con Dante, e poteva vincerlo in quel litigio, in quel velenoso scherzo, cosa che quasi accadde. Chi non può vincere in un comune battibecco un grande poeta?

La risposta al primo sonetto di Dante è efficace. Forese non raccatta la freccia che lo accusa di impotenza, svola su questo tema su cui avrebbe potuto battere il muso. Sa dove colpire Dante:

"L'altra notte non mi riusciva di dormire e allora all'alba me ne andai in giro a tentare qualche guadagno. Esco fuori delle mura di Firenze e, guarda caso, sai chi vedo? Tuo padre, nelle fosse dell'immondizia. Era legato lì insieme alle lordure, le carogne, gli uomini bollati di infamia, gli usurai, i mendicanti. Mi supplicò che lo sciogliessi, anzi mi fece il tuo nome. Ma io continuai il mio cammino. Come posso perdere tempo con tali disgraziati!"

Siamo al terzo sonetto. Dante non la prende di petto. Forese gli ha messo il padre nelle fosse fuori delle mura di Firenze dove si raccoglie la spazzatura. Dante dirotta, l'immagine del padre legato in quel luogo insieme ad altri mendicanti la mette in disparte. Risponde a Forese disputando sulla miseria, ciò che più gli cuoce:

"Non è vero. Sei più povero di me. La gola ti dirupa nella rovina, per i petti di starna perdi la testa, con cieca ingordigia ti getti sulle costate di agnello e intanto ti scordi che sei pieno di debiti, hai firmato le cambiali, hai messo la firma proprio sulla pelle di quegli animali che tu hai azzannato con gli acuti denti, sulla cartapecora. E quando quelle carte ti saranno presentate, che farai? La puzzolente noia della carcere ti aspetta.

"Però lo debbo riconoscere, una soluzione ce l'hai. Lo dicono tutti che possiedi un'arte capace in una notte di salvarti. Andiamo! Sei un gran ladrone, uno svaligiatore. Con un colpo potresti rimetterti in sella e di nuovo tracannare nei banchetti. Peccato però che i ladri prima o dopo li sorprendono con le mani nel sacco, finiscono tutti in galera."

Di fronte al padre immerso nelle immondizie, Dante risponde poche scintille, sembra già stanco del litigio, si attacca alla dannosa e pur tuttavia semplice colpa della gola. Le starne, i piccioni, le lombatine piacciono a tutti, insieme alle mescite del Chianti, profumato di mammola e giaggiolo. Un guizzo lo trova nella cartapecora, fatta con la pelle degli animali. Un momento prima ha descritto Forese che con i denti fora la cute, la tenera carne di quegli animali e adesso la loro pelle, divenuta carta, porta scritto il suo debito, sarà la vendetta delle bestioline, per mezzo di quelle carte avrà la prigione.

È un guizzo, non è risposta a chi gli ha messo il padre nelle infamanti fosse. Sì, gli dà del ladro, ma è risaputo che in quel tempo i nobili trovavano gentilezza compiere comuni furti, lo dice anche il Sacchetti di un gentiluomo fiorentino con due suoi villici che se ne va di notte a rubare il porco. Considerano il furto una allegra attività, una beffa capace di aumentare le sostanze sfruttando la altrui dabbenaggine. Vi si prestavano nobili di gran nome e nell'Inferno infatti si incontrano tra i ladri dei Donati, dei Brunelleschi, dei Caligai e Cavalcanti, dei gran titolati.

E vediamo come risponde Forese. Se ha perso la lena o la tiene viva. Siamo al quarto sonetto.

Anche gli insulti di Forese si sono appassiti, gioca, ermetizza, come fanno al caffè tanto spesso i letterati. L'autentica invettiva è priva di velami, la intendono tutti, anche dopo secoli. Forese riattacca con la miseria. In Italia il peggiore insulto è sempre quello. Dante è povero, pugnalalo lì, è la giusta strada. Forese ci mette qualche voluttà:

"Non ti dare delle arie, hai sempre chiesto la carità, inutili le tue rime, con le speranze che covano. Già mi par di vederti alla mensa dei poveri, vecchio, il farsetto stinto, porgere la ciotola vuota perché te la riempiano."

Le uniche parole che in questo sonetto ci interessano sono i nomi di Tana e Francesco, i fratelli di Dante, anzi fratellastri, figli della seconda moglie di Alighiero. Tutto ciò che parla della famiglia di Dante ci sembra sacro.

Forese li nomina di striscio: "Prega il cielo che Gaetana e Francesco ti rimangano vivi; loro un pezzo di pane te lo daranno. Se no finirai ai poveri vecchi".

Alla fine Dante si arrabbia, perde la tramontana, di colpo aggiusta la mira:

"Senti, Forese, non so di chi sei figlio. Bisognerebbe domandarlo a tua madre, può darsi che lei lo sappia. Di te di sicuro so soltanto della gola, che è un acquaio. Per il gargarozzo hai scaricato tanto di quel cibo, tanto gozzovigliato che non ti è rimasto un becco di un quattrino e sei costretto a rubare. Sei la favola del mercato; come ti avvicini, d'istinto vien fatto di tenere d'occhio la borsa: 'Attenzione! C'è Forese, lo sfregiato'. E povero il tuo così detto padre, povero Simone, sempre in pena per te, la notte non gli riesce di dormire, si rigira nel letto temendo ti colgano mentre rubi e tu finisca sulla forca. Del resto anche i tuoi fratelli, Corso e Sinibaldo, sono della stessa razza, stesso tuo sangue, con i denari rubati saziano ogni dissolutezza, arrivano persino a scambiarsi le mogli."

Questa volta Dante ha dato una buona bordata, il padre di Forese è un gran cornuto, la madre non sa bene di chi sia questo e quel figlio; Forese è un emerito ladro, i suoi fratelli gli sono da pari e mescolano alla loro lussuria anche le mogli.

Dante stringe al massimo il sonetto, lo inzeppa di insulti, lo addensa, ogni parola un'allusione, ogni sillaba un sibilo d'ira. Per accelerare il corso del significato, quando dice della signora Tessa, della madre di Forese, che sarebbe prudente domandare a lei chi, tra i tanti, ha la probabilità di aver generato Forese, quel nome *Tessa* invece di Contessa, con davanti quel *monna*, è come una frusta in procinto di lasciare il livido.

Siamo al sesto sonetto del litigio, in questa ballata così tessuta di immagini che ogni parola è un rivolo di conoscenze, un profondo ritratto contemporaneo, preziosi dati per lo storico, generoso gettito di semi.

Al sesto Forese risponde a Dante con genio fiorentino. Forese scocca:

"Sì, sì" sottintende "mia madre è una baldracca, non so di chi sono figlio. Però di te siamo sicuri. Sei figlio di un vigliacco, di Alighiero, al quale si può fare ogni svillaneggiamento e lui non risponde. Ma non basta, tu che sei suo figlio – è voce di popolo – non lo hai vendicato. E c'è di più, sei andato a inchinarti, a chiedere pace, a domandare perdono proprio a chi ha oltraggiato il tuo sangue.

"Sarà anche vero che mia madre è quella che è, la tua sicuramente ha generato un essere che si mette in ginocchio davanti a chi gli ha insultato il padre. Io figlio di chi tu sai, ma tu te la fai addosso. Sei così famoso per la pecoraggine che alla prima occasione le persone più comuni si divertiranno con te, emerito giullare."

E Forese fa punto e basta. Di sonetti non ce n'è più. Hanno mosso la lingua, la hanno vibrata, hanno sparso acre odore di solfo e di droghe, gareggiato in sottigliezze, in concisione, una musica raschiata su tesa corda di violino, lampeggiamenti da diavolesca taverna.

Poi Dante rimedierà, incontrerà Forese al purgatorio, gli anni sono passati, sarà magnanimo, affettuosissimo col vecchio amico di baldorie. "Le facemmo insieme, spalla a spalla." E sarà nobile con le donne di casa Donati. La Nella, l'infreddolita, diventerà la vedovella che prega e sospira per il suo Forese; Piccarda, la sorella, la monaca rapita, è la lucente bellezza di un rivo dall'acqua nitida e tranquilla.

Il fumo della zuffa si è perso nel cielo.

III

– Ancora affascinato dalle donne.
– Ne elenca sessanta.

Marchionne di Coppo nelle sue memorie parla di come era nel Trecento il ponte a Santa Trìnita. Costò 21.700 fiorini d'oro. Non solo ci avevano messo sopra la chiesetta, ma dall'altro lato, poggiato sulla punta delle pile, l'abituro per il prete.

Sul ponte si ascoltava messa e, se di necessità, si bussava alla porticciola, il prete si affacciava da un finestrino. Tutto sopra l'Arno. Nei giorni di piena le pinzochere dedicavano il rosario a chi sapevano loro.

Perfino i sassi a Firenze avevano grazia, ogni strada sfaccettava il diamante, esatto equilibrio tra raziocinio e passione; le case erano intime e superbe, vive e loquaci anche quando i cittadini dormivano; le torri una selva. Dino Compagni dolora nella *Cronaca* per la sua meravigliosa città che paventa sia per essere distrutta dalle furie politiche. E, povero Dante quando gli capitò l'esilio! se ne dovette stare lontano, in scarsi luoghi, tra mediocri costruzioni, roba da soldati, signorotti di campagna, imitatori.

A Firenze la vita di tutti i giorni saettava, si scoccava con la nuova lingua, ciascuno era di una fazione, ci si azzuffava, si uccideva, a Santa Maria si ascoltava con ammutolita devozione il domenicano Remigio Girolami.

Dante e gli altri giovani rimatori d'amore poetavano, consideravano le donne delle dee, la bellezza femminile un gaudioso mistero. Nelle notti di primavera c'era il rimando delle serenate, le finestre si socchiudevano, le buie stradette si tingevano di viola.

Dopo diversi secoli ci fu un altro adoratore di donne, Stendhal, che arrivato in una nuova città, come gli riusciva entrare in confidenza con qualche notabile, sbottava infine nella domanda che gli urgeva:

« Quali sono le più belle donne? »

L'interlocutore rifletteva, voleva rispondere giusto, faceva rapido un nome, un altro, poi due e tre, ed arrivato al sesto, al settimo, sospendeva, pencolava, rimaneva senza parola.

Per nominare le donne veramente belle di una città ci vuole uno che ci si sia dedicato, un vero amatore. Si devono conoscere perfettamente tutti i quartieri, averli molto frequentati: quella cresce, tra poco fiorirà, l'altra ha aperto tutte le foglie, questa sta appena gemmando.

Dante da giovane fece un sirventese dove ne elencava sessanta. *Sessanta.*

Sessanta belle donne, Beatrice è la nona. Ne aveva girato di strade, ricche e povere, li aveva furettati gli occhi tra le case della cerchia antica e per i nuovi sobborghi di Pinti, alla Croce, di San Lorenzo; aveva spiato per ogni dove, lungo l'Arno e distante, dalle parti del Mugnone, intorno al palazzo del Podestà e nelle vicinanze della chiesetta di San Pietro Scheraggio. Elencarne sessanta è un bel guerreggiare, è vincere un torneo.

Firenze era tutta tesa di intelligenza, individuava con occhi di falco chi aveva ingegno, chi al ben fare era disposto. Dante era giovane, si rinchiudeva nella sua cameretta a delirare d'amore; era bello di ogni virtù, ricco di tutte le facoltà, ammaliava chi incontrava. Ha appena finito il sirventese delle sessanta più belle. Lo ha passato agli amici. Una sera sono tutti in crocchio, si son dato l'appuntamento. Sono cavalieri che rimeggiano d'amore, ciascuno ha la sua bella, per la quale, mentre verseggia, si strappa i capelli.

Lapo è il più aggrondato, non lo fa quasi neppure avvicinare. Prima ancora di salutarlo:

« No, Dante. Lagia quarta, con quei capelli biondi, la sua è la tenerezza maggiore di Firenze. »

Cino è venuto apposta da Pistoia, ha ricevuto il sirventese tre giorni fa, l'ha letto e riletto:

« Lagia almeno è quarta. Invece l'Adimari l'hai sprofondata al cinquantunesimo posto. Non ti sei accorto come cammina; nelle spalle ha due ali. »

« Lasciati istruire, caro amico » interviene Cavalcanti. « Quando è capitato di riconoscere l'autenticità di certi tuoi componimenti, mi pare che l'abbiamo fatto. Ma qui, nel tuo sirventese, ignori l'eleganza. La Giovanna quando sorride è primavera, quando parla è il suono della viola e tu, non mi sono curato in quale riga, ma nella prima certo non l'hai messa. »

« L'hai fatta grossa » ghigna Forese. « Credi di sapere tutto sulle donne, di dettare legge. E pensare che in quel vicoletto per la prima volta ti ci ho portato io. Per quel che mi riguarda te ne cito tre: la Girolami, l'Ardinghelli e la Spini, abitano vicino a casa mia e me le mangerei tutte e tre. E tu le hai confuse nella folla, tra le trentesime. Spiega allora perché l'Albizzi è sopra a tutte, in testa alla classifica. »

« Per l'umiltà; una volta a Santa Reparata aveva chino il profilo sul libro, indovinavo i battiti caldi del cuore eppure era luce di purezza, il suo volto raggio che invogliava a non so quale virtù. »

« Me l'aspettavo. Ora metti fuori l'eloquenza. Finirai nei comizi. »

« Tutti all'osteria » ordina Forese. « Lì discuteremo. Ti dovrai difendere. Ci dovrai spiegare. E pagherai tutto te. »

La bettola è una stanza rettangolare. Il fronte esterno è aperto sulla strada, le pareti sono nude. Le panche tornotorno hanno davanti una sottile tavola; le persone se ne ergevano come ciascuna fosse un monumento.

All'arrivo dei cavalieri i popolani avevano fatto tacitamente posto, si erano raggruppati vicino al banco del bettoliere, e tra loro commentavano.

« Quello è Forese, il fratello di Corso Donati. »

« Quale? »

« Quello con la cicatrice, lo sfregiato. Non lo vedi? »

« Sì, nella guancia. »

« Quello vicino è Alighieri, si chiama Dante. »

« Il figlio di Alighiero? »

« Sa parlare meglio del frate di Santo Spirito. È per Giano della Bella. »

« Per Giano! Allora è dei nostri. »

« Guarda Cavalcanti come fa il superiore, un riccone! L'altro piccolino è di Pistoia; viene apposta, fa quattro ore di cavallo. »

« Se si mettono a leticare, le voci arriveranno di là dall'Arno. »

I boccali colmi di vino con prontezza erano già stati sparsi sulla sottile e lunga tavola, allora di gran moda, imitata da quelle dei refettori nei conventi.

Dante inizia imperiosamente:

« Ho scritto un sirventese sulle più belle, non sulle più brutte. Se la seconda è la Francesca è perché con lei vorrei rotolarmi in una calda selva, le sue cosce sono onde che si avvicinano, l'Africa è il suo corpo, diavolessa. La Pulci è la terza per la delicatezza del profilo, per l'esilità del suo costato, a ogni respiro si fanno avanti i suoi piccoli seni. Subito dopo c'è la Pia perché è una vestale dell'amore, socchiude morbida la bocca, le lunghe braccia insaziabili. Conosco Firenze... »

« Dante, metti troppo carica in tutto, anche nella lussuria. Il tuo è un sirventese; andiamo, è una esercitazione. Beviamoci su. Quelle che hai elencato sono tutte da marito, intoccabili. »

« Ho indicato anche le popolane, ne sono venute in questi ultimi tempi dalla campagna di bellissime, sono accese di pudicizia e ansiose di scoprire; si vestono con due contrastanti colori, ed hanno una loro eleganza. Forse è impossibile definire la bellezza. È legata alla virtù? Si nutre dell'intelligenza? Ne ho elencato sessanta; l'ultima può diventare la prima. »

« Ti ho sempre visto cotto e arcicotto » ride Forese. « Dovevi far l'elenco delle buone, di quelle che a quest'ora si possono andare a trovare, non delle belle. La virtù è una grossa noia. Ci vogliono soldi, solo quelli, e stare allegri con gli amici. Ti scordi che c'è la morte, finiamo tutti a ridere con i denti. »

« Hai voluto fare un trattato » riflette Lapo.

« Mentre nominavo la Falconieri mi sono apparsi i suoi occhi ombrati dalla lentezza delle palpebre, le guance pallide, le bande nere dei capelli lungo le tempie. Un ritratto; immobile, immodificabile. La sua bellezza è data da una profonda ironia, dalla perfetta sicurezza di sé; nell'armoniosa fronte c'è il ripudio a ogni comune civetteria. Hai ragione, Lapo; ogni volta che scrivevo un nome, quella doveva essere la prima. »

I popolani, raggruppati intorno all'oste, rubano le parole, vogliono leggere anche loro il sirventese, già hanno stimolato l'oste a procurarsene una copia. Nei prossimi giorni lo conoscerà tutta Firenze. Ogni ragazza corre tra le righe alla ricerca del proprio nome, a un tratto felice oppure sempre più delusa e sfiduciata.

Gli amici si lasciano. Contro le aspettative non è stata una serata allegra. Dante si avvia al suo quartiere. La notte gli sembra più solitaria. Non è contento del sirventese. Meglio non averlo scritto, bene dimenticarselo. Si è accorto che manca del profondo vero perché ne ha elencato sessanta e cantato nessuna. Troppa debolezza per le descrizioni sensuali, per il peccato della carne, che conduce all'animalesco latrare e poi scende in una orbata tristezza.

Una donna invece, quella, una sola, che oltre essere bella, onesta, gentile, possieda ciò che ricerca, di cui ha sete, un filtro come una verità rivelata.

IV

– *Basta con i trastulli giovanili. Dante entra nella politica. Ma
guardate in che circostanze, tra quali risse di spade, e purtuttavia che bellissimi tempi! Si prepara la gloria dell'arte,
la gloria di Firenze.*
– *Intrichio di odii, faville sul futuro, tiro alla fune tra ingegno,
progresso e testardo egoismo.*
– *È nato un rivoluzionario: Giano della Bella.*

Non erano tempi di zucchero. Non portavano la spada per
adornamento ma per stringerla nell'impugnatura e sguainar-
la. Correva la punta contro il nemico, penetrava nella carne,
la lama riappariva rossa alla luce, di nuovo si immergeva.

Non c'era miele a Firenze ai tempi di Dante, ogni giorno
scoccavano faville. Un Cavaliere usciva dal suo palazzo; in
fondo alla strada avanzava uno della odiata casata. Non perdere quella fortuna! Trasformare in realtà il cullato sogno
di vendetta.

I lutti si sommavano, si intricavano, i nomi di Guelfi e
Ghibellini, di Bianchi e Neri non bastano a spiegare la selva delle violenze, forse migliore spiegazione è la superbia,
l'invidia, la voluttà di contemplare l'agonia del nemico, e il
concetto che la vita è guerra.

Per dare un'idea di come si viveva si ricordi la Frescobaldi, una signora che morì il 16 dicembre 1296.

Era in uso a Firenze la cerimonia del *mortorio*. Quando
una persona moriva, specie se di nobile casata, si svolgeva
un rito. La salma era esposta nel salone del palazzo; donne
vestite a lutto si piegavano verso il cereo viso e versavano
lamenti.

Gli uomini facevano nera corona: quelli del ceto medio accovacciati su delle stuoie che venivano disposte intorno al catafalco; i nobili su monumentali panche torno-torno alla grande stanza.

Al mortorio si succedevano le visite di parenti, amici, dipendenti, fedeli, servi e innanzitutto dei Cavalieri, dei Magnati, superbi nei loro abiti e per le preziose armi create dagli artigiani fiorentini.

Nel palazzo Frescobaldi, al di là dell'Arno, vicino a ponte Santa Trìnita, entrarono i Manieri e, per caso, subito dopo, oltrepassarono il portone anche i Gherardini.

Tra le due famiglie c'era il caldo nido di un omicidio; tre mesi prima i Manieri avevano ammazzato un Gherardini.

I rappresentanti delle due famiglie presero posto sulle alte panche, gli uni dirimpetto agli altri. Qualcuno si accomodò sulle stuoie.

Invece di meditare sulle virtù della signora Frescobaldi, le due famiglie si lessero in fronte gli interni pensieri. L'immagine di Piovano Gherardini, l'assassinato, squarciò la penombra del salone. Il gemito delle donne intorno alla Frescobaldi fu una insulsa cantilena. I Manieri aspettavano la vendetta dei Gherardini.

Il rito del mortorio era lungo. In quel gravido silenzio uno dei Gherardini, che si era accoccolato sulla stuoia, si sentì le membra rattrappite e, d'un tratto, semplicemente, si alzò in piedi per stirarle.

Invece i Manieri credettero che quello fosse il convenuto segnale di aggressione e gridarono:

« Eccoli! Alle spade! »

Viceversa i Gherardini pensarono di essere di nuovo aggrediti e scatenarono la rabbia:

« Ancora! Assassini! »

« Mercanti! »

« Vigliacchi! »

Un altro tumulto era scoppiato. Soltanto la signora Frescobaldi, cinta di trine, continuava a dormire serenamente. Le donne che gemevano il monotono pianto, adesso urlavano davvero.

Era bastato che uno disavvedutamente si fosse alzato in piedi.

La battaglia continuò fuori del salone, si estese sulla strada, necessario un campo più aperto.

E ancora una volta le botteghe si chiusero, le officine si fermarono come ci fosse uno sciopero. Il popolo accorse con i bastoni e tentò di dividere i contendenti. La guerra si fece più larga, i Manieri erano della fazione dei Donati, i Gherardini dei Cerchi. Ambedue queste potenti famiglie accorsero in aiuto dei propri gregari. Durante la notte Firenze rintoccò di lugubri suoni.

Se, per illustrare i tempi di Dante, non bastasse l'esempio della signora Frescobaldi, eccone un altro riferito da Dino Compagni.

Pazzino Pazzini era già anziano e di tutte quelle bufere si era stancato. Non aveva più voglia di asprezze e tra sé e sé coltivava una malinconia, la vita fugge, anche lui ne voleva assaporare qualche gioia, per lo meno la contemplazione della natura.

Un dopopranzo d'estate disse a un suo famiglio:

« Andiamo a cacciare sull'Arno. Vai a prendere il falcone. »

« Noi due soli? »

« E perché no? Non senti che pace? Guarda il cielo come è trasparente! »

Partirono verso il greto. Il servo teneva appollaiato sull'avambraccio il falcone. L'Arno era una sottile riga, tra pochi sassi mormorava freschezza.

Cominciarono a far volare l'ammaestrato predatore. Era una felicità perdere le pupille nella maestà del cielo. Si divertirono per delle ore e quasi non c'era più differenza tra servo e padrone.

Però un fedele della famiglia Cavalcanti passò per caso da quelle parti e con libidinoso stupore scoprì che Pazzino Pazzini se ne stava quasi solo in un terreno libero alla preda. Sapeva che i suoi padroni lo odiavano perché sicuri che avesse spronato il podestà Fulcieri de Calboli a far uccidere un loro congiunto.

Corse verso Firenze, al palazzo dei Cavalcanti. Entrò trafelato e disse al più animoso della casata, al giovane Paffiera:

« Presto! Sul greto dell'Arno, là, c'è Pazzino dei Pazzi,

con un solo imbecille. È perso dietro la caccia al falcone. »
« Andiamo ad ucciderlo. »

Furono pronti i cavalli e arrivarono sul luogo, lo scorsero
che ancora seguiva il percorso degli uccelli. Si nascosero
dietro gli sterpi. Furono a pochi metri.

Pazzino dei Pazzi d'improvviso si rinvenne, rifù del proprio tempo; e prese la fuga. Lo raggiunsero con le spade.
Cadde vicino all'esile corso dell'Arno ed era ancora vivo.
Allora, mentre, vecchio, agonizzava, gli segarono le vene,
e morì sull'arido greto.

I Magnati, i feudali, gli investiti dall'imperatore di sacri
privilegi, questi oziosi, tutti i giorni si graffiavano a sangue
le croste dell'odio, eppure a Firenze da qualche tempo, quasi all'insaputa degli stessi attori, era maturato un affare
così ricco di slancio che ancora adesso ha l'aire: a Firenze
era nato *il capitalismo*.

I Cavalieri disdegnavano di tenersi cauti nelle spese, per
il fasto e le guerre avevano molto spesso urgente bisogno
di denaro ed erano costretti a chiederlo in prestito. Anche
i dignitari ecclesiastici quando andavano a Roma per certe
loro consacrazioni, tanto desiderate, eccome se di quattrini
ne dovevano essere forniti! E chi prestava? I banchieri fiorentini, i quali naturalmente non ci rimettevano. Quando
la cambiale scadeva e il Magnate o il vescovo non poteva
pagare, se ne faceva un'altra un poco più arrotondata. Alla
fine, quel bel possesso di numerosi ettari, quel tale elenco
di *decime* prendevano la via della banca.

I commercianti erano altrettanto desti. Alle fiere di Lilla,
di Bruges, di Ypres, centri di finanza internazionale, non
mancavano mai. Compravano stoffe di Fiandra che i loro
artigiani raffinavano, tingevano di meravigliosi colori, ed
essi le rivendevano in tutto il mondo. E c'era chi commer-
ciava grano, chi sete, chi armi.

I setaioli, che avevano alle dipendenze ingegnosissimi
maestri e tantissimi comuni artigiani, erano in sostanza degli industriali; così gli armaioli che potevano fornire uno e
più eserciti di piastre da corazze, di elmi di ferro, di gor-
giere, di guantoni. I pellicciai annoveravano ditte già famo-
se che importavano dalla Siberia, dalla Bulgaria, dal Tur-

kestan; davano a quelle pellicce la grazia fiorentina, i compratori di ogni paese se le disputavano. C'erano i maestri di pietra, i maestri di legname, i rigattieri, i calzolai, i fabbri. Firenze era un alveare di laboriosità, il suo genio scaturiva scintille. Le firme degli Ardinghelli, degli Spini, dei Peruzzi, Bardi, Mozzi, Frescobaldi erano accettate con profondo rispetto in ogni mercato.

I Magnati invece continuavano a essere assolutamente convinti che Firenze fosse un loro feudo. Intanto quel *ceto medio* tanto disprezzato, quei mercanti, imprenditori, industriali, artigiani, erano saliti al palazzo del Comune. Aiutati dalla Chiesa, che era in antagonismo con l'Imperatore, adesso sedevano al governo.

Però i Magnati, padroni di castelli, terre e armati, erano ancora più superbi di prima e consideravano uno zimbello il popolano. Per le loro zuffe – come si è dato l'esempio – ogni volta si interrompeva la laboriosa vita della città.

Per di più i banchieri arricchiti, i mercanti, gli industriali, *per vanità*, desideravano anch'essi essere investiti Cavalieri, mescolarsi con i Magnati. Succede anche oggi che le figlie degli industriali si sposano con blasonati, per il reciproco interesse delle famiglie. Vengono dall'America le platinate fanciulle miliardarie e volano sorridenti all'altare col giovane duca o marchese.

I maestri di laboratorio, gli artigiani, il grande stuolo dei piccoli lavoratori, il popolo minuto, i contadini, erano coscienti della loro forza, ma ancora non avevano trovato una persona che li raffigurasse.

Fu Giano della Bella che li rappresentò. Era ricco, aveva la bella insegna della nobiltà, nel cuore luce di umana speranza, amava la giustizia più che il suo patrimonio, era avvinto dall'ardore del progresso.

Esperto come era dei Magnati, sapeva dove e come si doveva colpire. Aiutato dalle Arti minori, e dal favore di tutto il popolo anche se questo non articolava una sua voce, dettò gli Ordinamenti di giustizia:

Qualsiasi famiglia, con gli estesi suoi rami, che ha in seno un Cavaliere, un investito feudale, anche se esercita il commercio e l'industria, è da considerare magnatizia, e pertanto deve essere radiata da ogni pubblico ufficio.

Eravamo nel 1293. Tanto più, se si pensa a questa data, rimaniamo stupefatti del coraggio e della chiaroveggenza di Giano della Bella. Fu un umano lampo nel cupo cielo feudale, visione di grande statista.

Dante entra nella politica. Giano della Bella è già fuggito. I Magnati, profittano dell'ignoranza dei suoi beneficati, gli hanno teso dei trabocchetti. Gli Ordinamenti di giustizia vivono ancora, ma il nuovo papa, Bonifacio VIII, tresca per rovinarli.

Dante entra in Comune e si scontra con questa realtà: i Ghibellini odiano i Guelfi e all'incontrario, i Bianchi maledicono i Neri e ne sono ricambiati, i popolani hanno come immonda arpia la prepotenza dei Magnati e questi considerano il popolo dei vermi da schiacciare. Gli odii privati sono snellissimi serpenti.

Divina innocenza, fantasia in furore del nostro più grande poeta. Lui del Medioevo ha la religione non la cattiveria. Vuole la giustizia, a Firenze, dove gli spiriti sono tesi come le balestre in combattimento. Vuole che il Comune sia superiore a tutti, forte da spengere ogni fazione, rimarginare le ferite. Il Comune salute di ogni cittadino.

V

— *Per entrare in politica occasionalmente si inscrive – in quanto
filosofo – all'Arte degli speziali. La verità è che Dante è
ricercato dal suo partito perché è padrone dei comizi, pronto
a rintuzzare con l'esempio piccolo o con il paragone grande,
e innanzitutto perché egli incanta il popolo con quel suo ini-
mitabile volgare, che fa vedere a tutti chiaro.*
— *Patetica storia del poeta Guido Cavalcanti che, sbandito nella
palude di Marinella, si ammala di malaria e ancora giovane
muore.*
— *Intanto Dante zitto-zitto piglia moglie, sposa Gemma Donati.*

Fu consigliere, poi savio, poi del Consiglio dei cento. Nel
bimestre giugno-agosto 1300 fu priore, tra coloro che decre-
tarono l'esilio a Guido Cavalcanti, suo più caro amico.

Già si era cibato di ciò che era vitale nel suo tempo, filosofia, teologia, astrologia, aritmetica, geometria. Si era di-
lettato della storia, affascinato della musica di Virgilio, fiume terso e impetuoso; aveva ascoltato con cuore di fedele
i francescani che predicavano nelle chiese. Si era seduto nel
convito, nel Convivio; non le briciole cadenti dalla mensa
del sapere aveva piluccato, mangiato invece il pane degli
angeli.

In questi anni giovanili frequentò, discusse, lavorò. La
Vita Nova era già stata pubblicata, e preparava il *Convivio*,
il *De Vulgari Eloquentia*. Gli amici con cui ogni sera si in-
fervorava sapevano il bollire delle sue idee, che ogni volta
apparivano nuove e ardite, e mai mancava di aggiungere,
modificare, ruota di mulino mossa da profonda gora.

Cavalcanti è un caro amico, intellettuale, raffinato, gli

ha fatto toccare ciò che è aristocratico. Dante gli sorride, ma ha già avvertito che suo padre è l'altro Guido, Guinizzelli, quello di Bologna. Il suo petto è disposto al dramma, al misticismo, non a un dorato stilismo epicúreo, in se stesso inerte.

Sono anni fondamentali, una madia che accoglie profumati pani. Ogni episodio di Firenze gli si incide. Che nostalgia per Farinata, per il Mosca dai moncherini schizzanti sangue, il Tegghiaio, e gli altri magnanimi. Averli conosciuti! Sono i vecchi popolani a descrivergli i volti e le parole.

La sua attenzione è ugualmente tesa ai fatti presenti. Mette tutto nella stiva, accumula, inquadra. Il giorno è tutto colmo: la politica, la stesura delle opere che dovranno procurargli onore, le conversazioni con gli amici.

Siamo al bimestre del 1300. Il momento è per lui favorevole. C'è stato un altro, Giano della Bella, un preveggente, che ha preparato il terreno, ha instaurato gli Ordinamenti di giustizia. Situazione data dal destino, dalla fortuna. Non è Cavaliere, non lo sono stati i suoi parenti; non è ricco ma neppure nullatenente, è del ceto medio. Quel che ci vuole per entrare nella Cosa Pubblica. Gli è bastato, in quanto filosofo, inscriversi all'Arte degli speziali. Lo hanno eletto quelli del suo quartiere, di San Pier Maggiore.

Ma per quale ragione? Non per il suo libretto d'amore o per le rime o perché filosofo, latinista, musico, perché ha leggiadria e nemmeno perché si infuoca parlando di giustizia e afferma che il Comune deve essere superiore a tutti. Lo hanno votato con sicurezza e felicità per il *volgare*, perché in volgare esprime ciò che i popolani sentono di avere nell'anima. Sono rapiti di udire la descrizione di ogni fatto, di ogni ragione, con parole usuali ma divenute all'improvviso potenti, insostituibili. Dante sceglie dal mucchio delle parole in uso quelle vere, divenute dopo lunga fatica pura conclusione; le prende in mano e sono perle. Solo lui in una parola del popolo fa luce, come sacra, non è più neppure fiorentina, è di tutta una gente.

I popolani di San Piero eleggono Dante perché hanno trovato chi svela il brio che hanno dentro, la pugnacità, l'esatto giudizio sugli uomini, sugli avvenimenti. Era ciò che da tanto bramavano, confusamente e torbidamente. Nessuno fino allora c'era stato che, come una levatrice, li mettesse al mondo. Ascoltarlo è facile come essere dal beccaio quando squarta la sua carne. Dante fa luce, le espressioni che lui ha pronunciato c'erano già, bastava rompere il velo che le separava dalla vita.

I popolani hanno sentito dire che è latinista, poeta, filosofo; loro indovinano che è francescano, ha il furore del loro tempo, del Medioevo. Per il volgare lo mandano in Comune, per la gioia inusitata della propria lingua; finalmente e per la prima volta avvertire che tutto ciò che si ha nel sangue, nel cervello, nel cuore, lo si può esprimere a perfezione.

A Firenze non è soltanto però la scoperta del volgare. I venti della lussuria, invidia, superbia, avarizia, fischiano per le sue strade, si infilano per ogni porta socchiusa, per ogni spiraglio di finestra, dividendo gli stessi componenti di una famiglia. Di questa bestialità proprio Dante dovrà presto valutarne il peso.

Intanto entra in Comune. È giovane, di aspetto gentile e comincia a fare i comizi. I suoi sono più belli di quelli di fra Remigio in Santa Maria, di quelli di Pier Giovanni Olivi in Santa Croce.

È una limpida fiamma, impossibile non riscaldi. Come non scottarsi al suo diafano calore! Due sono le cose urgenti da arginare: le fazioni abbiano tregua, che ogni cittadino non contenda anche nella stessa propria famiglia, che le casate, le parti, gli odii personali, le superbie, si mitighino, siano legate, imprigionate. Il Comune domini le violenze che intossicano la industriosa vita della città, si aggrinfino i capi, di qualsiasi parte siano, anche se militano nel partito di Dante, tra i Bianchi, adesso al potere.

L'altra urgenza è far fronte al Papa, a Bonifacio VIII, ebbro della sua famiglia, che ora fa guerra ai Colonna, guerra personale, per accrescere le terre dei suoi, dei Caetani. Per questa sua libidine Bonifacio ha chiesto a Firenze denari e soldati.

Il dovere del Comune è rispondere no. Dante per questo ancora più si infiamma, è francescano, la Chiesa sia pura, madre di tutti, senza orpelli, non compri, non venda. La Chiesa coltivi le anime. Dante comunica la sua convinzione;

è il capo di questa battaglia. Rianima gli ondeggianti, stringe a sé i pavidi, fa più forte lo sparuto gruppo dei suoi fidi, tra i quali primeggia il Ricco spadaio, che sempre gli rimarrà vicino, ultimo soldato che abbandona il campo. Saranno loro due i giusti che fino in fondo difenderanno la libertà del Comune e quando questo sarà sommerso dal vento delle ire, dalle matte bestialità, ancora parleranno, anche se non più ascoltati, più capiti, più ubbiditi, più intesi.

Il papa Bonifacio voleva per le sue faccende armati e soldi.

I fiorentini non gli danno niente. Non rispondono proprio netto come Dante vorrebbe – e sarà forse questa la prima ombra dell'esilio – ma la risposta è negativa. E subito prima c'era stato il processo e la condanna ai banchieri fiorentini di stanza a Roma. Costoro temono, per l'ira del Papa, di perdere il circuito di affari nelle estese terre della Chiesa e si alleano con Bonifacio contro il proprio Comune, stimolano il Pontefice a uscire dai <u>traccheggiamenti</u> ed appoggiare la parte avversa, i Neri, i Donati, i quali in ricompensa ubbidiranno, venderanno Firenze al suo delirio.

Il Papa quando sa della condanna dei banchieri si scopre, inveisce, vuole cieca ubbidienza. I fiorentini rinnovano la condanna. Il Comune è sovrano, gli Ordinamenti di giustizia sono la salute di Firenze, intoccabili.

Dante è nel glorioso suo periodo, è dentro le cose, soldato di San Francesco. I suoi comizi sono affollatissimi, quando parla nel salone non ci si cape.

Saranno proprio questi comizi a farlo rappresentativo di una politica, a portarlo alla miseria, sbandito, saranno i nefasti comizi a lasciarlo solo in una strada, a dover chiedere un pane in terra straniera che quando si biascica nella bocca ci si accorge quanto è salato.

La politica è irta di esacerbazioni, di spinose contingenze. Successe in quei mesi un fatto doloroso, che poi lo perseguirà; fonte di meditazione quando anche Dante sarà in esilio. Un giorno tramuterà il rimorso in canto, darà eterna ricompensa, si porrà Cavalcanti vicino, lo solleverà alla sua altezza.

Per la festa di San Giovanni – non proprio quel giorno, la vigilia, il 23 giugno – si era soliti, per invogliare il santo a essere propizio, portargli in dono ceri gialli, stendardi, altra sorta di omaggi. I Consoli si partivano in gran pompa dal Palazzo e si recavano al tempio ad offerere. Così successe anche in quell'anno 1300.

I prepotenti, i Magnati, quelli che non sopportavano l'esistenza della giustizia, la libertà del Comune, capeggiati da Corso Donati, aspettarono i Consoli davanti al tempio e come li videro solennemente avanzare, con iroso disprezzo, gli andarono incontro gridando: « Fummo noi a vincere a Campaldino, a sconfiggere i ghibellini, ed ora voi vi fate belli del nostro valore, fate i pavoni col nostro coraggio » e immediatamente aggiunsero insulto a questo e quel Console, e poiché la rabbia non si placava, arrivarono a malmenarli.

Gli aggressori erano i Donati, i Neri. Però anche da parte Bianca non si stette con le mani in mano. I Cerchi accorsero e tra questi c'era Guido Cavalcanti, non perché lui, aristocratico, si fosse incanaglito tra la plebe, tra i guelfi bianchi, ma perché aveva in odio, personalmente non poteva soffrire lo spadaccino e provocatore Corso Donati, col quale aveva già avuto, in recente passato, screzio d'armi.

Questo di aggredire i Consoli che andavano a domandar grazia a San Giovanni, al patrono, al protettore della città, mosse per Firenze un minaccioso brontolio di sacrilegio. I Magnati e gli altri faziosi erano dunque il vaso di ogni peccato, perfino dispregiavano Iddio e i suoi santi, nessun limite alla sfrenatezza. Era necessario finirla.

Uguale sdegno vibrava nei rappresentanti del Comune. Si decise di riunire immediatamente i savi, gli uomini probi, i più onesti di tutta la città e rimettere a loro la punizione.

Il responso fu la condanna di tutti coloro che avevano aizzato e fatto, a qualsiasi parte appartenessero, Neri o Bianchi. Dovevano essere sbanditi, cacciati da Firenze, andassero in esilio, piante da svellere alle radici.

I priori, tra i quali Dante, firmarono il decreto. Tra gli esiliati c'era anche Cavalcanti, il caro amico, l'aristocratico, il prezioso stilista. Dante aveva con lui disputato di poesia, contrastato su Virgilio; proprio a Cavalcanti aveva, mentre era giovanetto, mandato timidamente i primi versi, e lui gli aveva fraternamente risposto.

Cavalcanti fu obbligato in una palude, confinato nel giro di tre casupole circondate dall'acquitrino, a Marinella, alla foce del fiume Magra, nei pressi di Sarzana. Era abituato al suo bel palazzo, a leggiadrie, esser servito, al diletto degli studi, alla festa delle brigate.

Qui il solitario e maledetto richiamo degli uccelli acquatici, punture di insetti, grigia solitudine, squallore di paesaggio.

Una notte fu svegliato da strani suoni, come di timpani percossi nell'interno degli orecchi e fu colpito da un freddo che sapeva di oltretomba. Si rannicchiò, rabbrividendo, nelle coperte. Dopo un'ora il gelo si sciolse, il corpo avvampò invece dal fuoco della febbre. Infine un copioso sudore lo liberò.

A intervalli di tre giorni i brividi lo riassalirono. La sua fibra si spossò. Si ridusse con gli occhi incavati, la pelle terrea.

Arrivò a Firenze la notizia che era malato e gli permisero di ritornare.

Troppo tardi. Le febbri non cessarono di consumarlo, fino a che morì il 28 agosto 1300.

Era un gentile poeta del dolce stil nuovo. Dante aveva firmato il decreto della sua morte. Fu messo sotto terra, mentre la politica a Firenze sempre più si accavallava.

Dante avrà tempo, durante il suo proprio esilio, di riflettere alla sorte dell'amico.

Intanto tra questi fuochi politici e poetici, Dante piglia moglie. Non è l'amore. Deve assolvere un patto, risolvere un contratto. Suo padre, secondo il costume del tempo, quando lui era poco più di un bambino, si mise d'accordo col cavaliere Manetto dei Donati.

« Allora li sposiamo. Quanto dai di dote? »

« Duecento fiorini piccoli. »

« Un po' poco. »

« Non posso di più. E tu? »

« Gli metto in testa il podere di Camerata di Fiesole e quello di San Miniato di Pagnolle. »

Si sposarono nella chiesetta vicino casa, in San Martino

del Vescovo. Lei si chiamava Gemma, Gemma Donati, ed era parente, alla larga, assai alla larga, cugina di terzo grado, con la grande famiglia dei Donati e cioè con Piccarda, con Forese, il compagno di bisbocce del fidanzato, e col barone Corso Donati, il quale poi ebbe tanta parte nella sventura dell'Alighieri.

Dante era tutto preso dalla politica e, tra un comizio e l'altro, la famiglia disavvedutamente crebbe. Come tutti i padri la sera tornando a casa si intenerì alle feste dei suoi bambini, qualche volta si infastidì per le bizze.

La Gemma era una donna come ce ne sono tante, ignara delle violenze fantastiche del marito, ignorante di che gli navigava nella mente, dei suoi miraggi di divina bellezza.

VI

- *Corso Donati fu uno spavaldo personaggio di Firenze, bello, avido, senza freno morale, lesto nelle armi. Fu praticamente ostile a Dante; operò contro di lui, favorì il suo esilio.*
- *Questa che segue è la sua vita, e come avvenne che si alleò con papa Bonifacio, degno compare, e a lui dette in pasto il partito dei Bianchi – tra i quali Dante – e la stessa Firenze.*
- *Descrizione della battaglia di Campaldino, a cui Dante partecipò e nelle prime file, tra i feritori.*

Corso Donati era bello e combatté tutta la vita. Vecchio, con la gotta, impotente a volteggiare la spada, fu assalito nel suo palazzo di San Pier Maggiore (oggi Arco di San Piero) dalle bande popolari e da soldati mercenari.

Corso raduna e dispone i pochi uomini; la sua presenza rincuora gli incerti. Strascica i piedi gonfi dall'una all'altra posizione: qui comanda di lanciare pietre, qui scoccare balestre, qui pronti con le lance. Si tratta di aspettare l'arrivo di Uguccione della Faggiola e degli altri congiurati; che non arrivano.

La schiera popolana è per invadere il palazzo, non rimane che fuggire.

Lentamente si trascina fino al sobborgo orientale di Firenze. Davanti alla badia di San Salvi è raggiunto da un soldato spagnolo che prima non osa e poi lo colpisce con la lancia nella gola. I frati accolgono il suo corpo.

Era stato sempre nella zuffa, quasi che questa a Firenze non potesse soffiare senza la sua presenza.

« *Viva il barone* » gli gridava il popolo quando passava, magnifico nelle vesti, il volto dalla pelle delicata, condiscendente di superbia, contornato dai fedeli. Gli gridavano « barone! » perché quel titolo feudale ricordava al popolo l'inaccostabile albagia e lo splendore dei signori medioevali.

Il suo giorno più bello fu a Campaldino, nel 1289, nella guerra tra Firenze e Arezzo.

Comandante generale di tutte le truppe di Firenze era Mangiadori di San Miniato, esperto in faccende militari. A Corso Donati, poiché in quel periodo era podestà di Pistoia, era stato affidato un gruppo di soldati, pistoiesi e lucchesi, venuti in aiuto dell'alleato fiorentino.

La fiera consuetudine dei tempi impediva di colpire a tradimento. Prima di muovere verso Arezzo, i fiorentini per otto giorni fecero sventolare le insegne del loro esercito sulla porta che menava alla città nemica. Gli aretini si preparassero.

Il 2 giugno suonarono le campane a martello e l'esercito mosse da Firenze.

Arrivati presso Bibbiena, in una pianura che ancora oggi si chiama Campaldino, scorti i nemici, si fermarono.

Mangiadori, il capo dei fiorentini, riunì i suoi gregari e disse:

« Prima le battaglie erano una giostra, uno scherzo. Non si moriva. C'erano i mercenari e tra loro non si ammazzavano. Le città non diventavano balìa dei vincitori. Oggi le battaglie sono piene di sangue, l'abbiamo visto a Montaperti, l'abbiamo visto a Colle. Vince chi sgozza più nemici, chi rimane sul campo.

« Gli aretini si consumino ad attaccare. Noi, con i nostri scudi, saremo un muro, si romperanno su di noi. Al momento giusto ci scateneremo. Il grosso dell'esercito è stretto con me, fanti, lancieri, balestrieri. Io sarò in prima fila, con la cavalleria.

« Tu, Corso Donati, starai su quel fianco, su quel dorso di collina, in disparte, con i tuoi. Ascoltami bene: finché non te lo comando, non devi muoverti. Se trasgredisci, ti faccio tagliare la testa. Ripeto: se ti muovi senza il mio ordine, la tua testa cascherà per il boia. »

Gli aretini avanzarono; le mani strinsero le impugnature. Immediatamente tutto fu un furore. Gli aretini attaccarono con tale decisione – i loro fanti sgusciavano sotto le pance dei cavalli e col coltello aprivano il loro ventre – che le file fiorentine divennero incerte, il muro annunciato da Mangiadori si ingobbì.

Corso Donati, insieme alla sua schiera, su quella rilevatezza del terreno, contemplava inattivo. I fiorentini cadevano e si ritiravano.

Il superbo barone si rivolse ai suoi:

« Morire, ma da uomini, nella battaglia, con i nostri. Se perdiamo saremo preda della soldataglia. Sapete oggi cosa succede ai vinti, ogni contadino si divertirà a schiacciare la testa dei fuggiaschi. Chi, in questo momento, ci può dare ordini? Mangiadori è attento anche lui alla sua vita. Gli aretini si credono già nella vittoria e si scoprono sempre di più. Caliamo su di loro, che non se l'aspettano. Venitemi dietro. Se poi vinceremo, hanno detto che mi tagliano la testa? Me la vengano a cercare a Pistoia, e si vedrà. »

Corso Donati si lanciò nella battaglia. I suoi lo seguirono, bramosi di sangue.

Gli aretini continuavano ad avere di fronte le spade di Mangiadori, e, inaspettatamente, si trovarono di fianco le spade di Corso. La sorte si tramutò.

Il grosso dell'esercito fiorentino sentendo, per merito del barone, il salvamento, riprese fiato e subito dopo arse d'ira, per aver prima rinculato. Cominciò il massacro. Così sono gli uomini, un momento uccellini con le piume bagnate, d'improvviso con gli artigli di falco.

E questa battaglia di Campaldino sarebbe ormai nell'ombra, una delle infinite che si sono accese nel mondo, se tra quelle schiere, tra i gentiluomini, in prima fila, tra i feritori, i più audaci, se tra i fiorentini, non ci fosse stato Dante Alighieri, bello di ventiquattro anni.

La gloria di un soldato, la spavalderia e il genio del barone, avranno la luce della poesia.

La battaglia di Campaldino è stata vinta, ma Corso Donati non si riposa. I suoi interventi sulle cose e sugli uomini continuano in lungo corteo. Più che la vittoria ama l'azione per conquistarla. Non trova gusto a cullarsi su un'opera raggiunta, a soffermarcisi, a compiacersene. Né fantastica un'altra. Schietto figlio del suo tempo, e già con barbagli di futuro. È letterato, scintillante conversatore, curioso di scienza, derisore dei santi, beffardo sulla giustizia; ama il fasto, avere intorno la propria Corte. I denari non gli bastano mai.

Ogni giorno soprusi, ribalderie e uccisioni; più che crudele in se stesso, giudica la vita una crudeltà.

La sua famiglia è nobile e antica, ma non ricca; e questo sarà sempre il suo cruccio. Quei Cerchi, i capi dell'altra fazione, sono dei villani rifatti, colmi però i loro forzieri.

Dopo Campaldino continua la ridda: tenta di far uccidere il cugino Simone; è nemico di Giano della Bella e ne provoca l'esilio. Viene nominato podestà a Treviso e porta con sé la fresca moglie, che subito muore, quasi certo per veleno: poche settimane dopo si presenta all'altare con Tessa, una fanciulla ricchissima, figlia unica, il padre morto. Corso ne amministrerà i beni. La madre, la suocera, anche lei innamorata, è felicissima delle nozze. Poveretta! in che mani! Non solo le prende i quattrini, per poco non la manda in galera come ladra.

L'elenco continua: È nemico di Cavalcanti e durante un pellegrinaggio tenta di fargli la pelle. Quella volta che i rappresentanti del Comune vengono aggrediti a San Giovanni, è in prima fila. E questa volta finalmente – finora sempre impunito – viene mandato al confino a Massa Trabaria. Lui però se ne fugge, va a Roma, da chi? Dal suo amico, dal Papa, da Bonifacio VIII, e gli spiega quale è la reciproca convenienza.

Firenze da Bianca diventa Nera; Corso Donati ha vinto. E allora sì le prepotenze. E prende la terza moglie.

Macché! non si calma; nuove ire, nuove risse con quelli della sua parte. E via e via, fino alla morte. E non dimentichiamoci delle sorelle rapite dai conventi. Alla sorella Ravenna è morto il marito, un ricchissimo usuraio, e si ritira nel monastero. Faccia pure, ma Ravenna dona le sue sostanze alle domenicane. Allora no. Il barone si arrabbia, un tale patrimonio! Entra in convento, contrasta con la badessa, si porta via la sorella, processi e controprocessi, metà della somma sarà sua.

Invece con l'altra sorella, Piccarda, la bella e pura fanciulla – da Dante ben conosciuta – che si era fatta suora di

Santa Chiara, non lo farà per i denari. L'aveva promessa sposa a uno di sua parte, all'amico Rossellino della Tosa. Non ci sono implorazioni di suore e di badesse, inutili gli occhi lucenti di Piccarda. Rossellino avrà la sposa di Gesù.

In questa fila di nero rosario, da Campaldino alla morte, c'è un altro grano che tocca la persona di Dante: il colloquio di Corso con il Papa, la loro intesa.

Corso Donati perché ha aggredito i priori è confinato a Massa Trabaria, ma pare veda più chiaro di quelli che sono sul posto: il momento necessita decisione, non perplessità. Invece a Firenze tentennano tutti.

I Bianchi, che hanno in mano il potere, non lo usano; invano Dante li sprona, si infiamma nei comizi. Sono contro il Papa e poi gli fanno le moine; sono contro i banchieri ma in pratica molti dei capi Bianchi trescano con loro e come loro; sono per gli Ordinamenti di giustizia, la libertà del Comune, ma in verità non ci credono, non vi dimostrano fede.

I Neri ugualmente: mordono rabbia contro i cani del popolo, ma tra loro continuano a odiarsi invece di stringersi insieme e sferrare l'azione.

Corso Donati rompe il bando di confino e va a Roma. Il Papa lo riceve.

Gli occhi li hanno uguali, due uccelli da preda; si capiscono prima di parlarsi. Tutti e due avidi di ciò che è terreno; le parole di giustizia fede e carità, becchime per i creduloni.

Bonifacio vuole impadronirsi di Firenze e della Toscana, accrescere potenza per sé, per la sua famiglia Caetani, conficcare di più gli artigli.

Le parole di Corso sono un balsamo, parole sante, quanto attese!

« I Bianchi vogliono Firenze libera. Noi Neri ve la offriamo: *è vostra*. Il momento è favorevole. Fate entrare a Firenze l'esercito francese. Manderemo i Bianchi in esilio, confischeremo i loro beni. Voi comanderete la Toscana. »

Corso Donati conosce anche il cieco odio di Bonifacio per i Colonna, famiglia antagonista alla sua, e non manca di stuzzicare. Con perfida malizia insiste che è necessario far presto, prima che i Bianchi, pur di difendere la libertà di Firenze, non si uniscano ai ghibellini, ai suoi odiati Colonna.

L'esercito francese, che si trova in Italia, sarà dal Papa benignamente invitato a entrare in Firenze per elargire la pace tra le fazioni. I Neri avranno dal francese mano libera per i loro delitti.

Dante batte i primi passi nella lunghissima strada dell'esilio.

VII

- *Ritratto di Bonifacio.*
- *Il perché dell'ambasceria a Roma.*
- *Differenza tra Bianchi e Neri.*
- *Il Papa sorride e tradisce; ha già invitato Carlo di Valois e la sua francese soldataglia a entrare in Firenze e consegnare ai Neri il Comune e la libertà di perseguitare i Bianchi.*
- *In sostanza − così facendo − il Pontefice condanna Dante a non rivedere mai più il suo bel San Giovanni.*
- *Ma come? perché? come potesti, Bonifacio?*

Era un uomo altissimo, di statura superiore. Arnolfo di Cambio lo ritrae con in testa la mitra che corre su, anche lei, verso il cielo. Lo ritrae sul trono, seduto. Eppure ancora meglio si immagina come sarà quando si mette in piedi. Sporgono dal trono le appuntite ginocchia.

Il volto deciso, un avido che non si leva mai la fame. La Chiesa aveva il vento in poppa e lui approfittava. Nel Trecento si credeva in Dio, nel purgatorio, nel pontefice, nell'inferno. Una scomunica avvelenava, bruciava. Bonifacio poteva tutto e accumulava per sé e i Caetani.

All'apice del trionfo, era solito riunire gli imporporati cortigiani in una grande stanza. La porta si apriva e lui, il Papa, Bonifacio, si avanzava, non col Gran Manto ma vestito da imperatore, la corona imperiale calcata in testa, nella mano stretta la spada, e, come fosse il Duce, chiedeva:

« Oltre che Papa, sono Imperatore? »

« Sì » rispondevano inchinandosi i porporati.

« Sono il successore dei Cesari, il Re dei Re? »

« Sì » tremulava la pavida voce del coro.

Si considerava Dio sulla terra e, logicamente – maestro di diritto canonico – gli imperatori, i re, i principi, si dovevano inginocchiare con assoluta umiltà davanti a lui, offrirgli tutto ciò che possedevano.

Insaziabile per sé e i suoi Caetani. Implacabile nemico dell'altra famiglia romana, i Colonna, che sognava ridurre sul lastrico, sterminare.

Il suo piacere è la sua legge, e trova chi lo serve. Quel tale gentiluomo pisano esulta ad offrirgli la giovinetta figlia e il fresco figlioletto. Libidine senza ostacoli.

Chi è talmente avido e superbo ha segrete debolezze. Infatti Bonifacio è superstizioso, stringe nelle palme gli amuleti, al dito porta un anello capace di magia. Si vanta di essere razionalista alla Averroè, ma tiene nascosta dietro una tenda, vicino al trono, una statua protettrice e non si contano le corna di serpenti che manovra contro il veleno, come usano gli egiziani.

Formicola di suggestioni pagane ed è scatenato a ingrandire la sua famiglia e la materia della Chiesa.

In quel 1301 Bonifacio era al massimo della signoria. Soltanto i fiorentini c'erano rimasti a infastidire, a resistere alle sue grinfie, a voler essere indipendenti, parlare di "Ordinamenti di giustizia", combattere i privilegi, i Magnati, amare la libertà del Comune. Solo quei Guelfi bianchi – adesso al potere – si permettono di rispondere di no alle sue ingiunzioni.

Però il fiorentino barone Corso Donati è venuto segretamente a Roma a offrire il suo braccio, pronto a vendere Firenze al Papa. Non ha pregiudizi, è un Magnate, bolle contro quei democratici, ed è ardito, ama i piaceri, la prepotenza ed anche la guerra, è un valoroso come si vide a Campaldino. È un uomo del suo tempo, non nelle nuvole come i reggitori del Comune di Firenze.

Bonifacio continua a bussare, minacciare, esigere dai priori ubbidienza, anzi servitù. I priori resistono e il più infiammato per la libertà, per la legge al di sopra delle fazioni, per la giustizia, contro le lotte fratricide, per una sua ideale Chiesa, è Dante Alighieri. Ogni giorno nei comizi raduna, incoraggia, accende la fede.

Ma il Papa è potente; l'esercito francese è in Italia ed è pronto ad accoppiarsi con lui. Chi comanda le truppe è il principe Carlo di Valois, avido d'oro; e Firenze ne è ben fornita.

Le ore per il Comune si tingono di scuro. Riusciranno i priori a difendere l'indipendenza?

Per tentare di calmare Bonifacio i fiorentini mandano a Roma tre ambasciatori che rassicurino il Papa sul loro ardore religioso e insieme si adoperino per conservar libera là città, lo preghino che non sia invasa da un esercito straniero.

Gli ambasciatori sono Maso Minerbetti, Guido Ubaldini e Dante Alighieri.

Il viaggio è stato lungo e silenzioso per i tanti interrogativi.

Il Pontefice in quanto tale non dovrebbe essere contro di loro, severi di costumi, giusti davanti a tutti, cristiani, contro le fazioni, le lotte fratricide. Ma è arrivata voce sulla libidine di Bonifacio, tutto per la sua famiglia e superbo, travolto da improvvisa e selvaggia collera. Si racconta che abbia ferocemente insultato un fraticello che gli si era inginocchiato davanti per comunicarsi. « Ti riconosco. Vattene! Sei un alleato della famiglia Colonna. »

E poi ci sono i banchieri fiorentini, padroni dell'industria e dei commerci. A loro interessano gli affari negli Stati della Chiesa, assecondare le mire del papa, andarci d'accordo, non la libertà, non gli "Ordinamenti di giustizia".

Bonifacio riceve gli ambasciatori. Macché collerico! Sorride, promette; ed ha una luce strana come covasse un piacevole interno pensiero.

Il tradimento è già in corso. Bonifacio ha dato via libera a Carlo di Valois. L'esercito francese entrerà in Firenze e vi farà gozzoviglia. I Neri saliranno in Comune e offriranno Firenze alle voglie di Bonifacio e dei Caetani.

Il Pontefice rassicura gli ambasciatori, stiano tranquilli, tornino a casa, non accadrà nulla. Dante è bene rimanga, per intendersi su qualche particolare. Gli altri ambasciatori rivadano in pace.

Bonifacio sa che l'Alighieri è colui che infiamma i comizi, un francescano, illumina le anime, appassionato di giustizia.

È prudente trattenerlo. Rientrato a Firenze, all'avvicinarsi di Valois, potrebbe sferzare all'ardire, gridare alle armi, salvare il Comune.

Comincia la tormenta. Dante è rimasto solo a Roma. Finora la lotta politica lo ha tenuto occupato. La speranza di uno stato ideale, la legge superiore alle fazioni, il sogno di libertà e giustizia, lo hanno distornato dalle comuni vicende.

Nelle prime ore, intorno non ha nessuno. Unica compagna la fantasia. A Firenze ci sono i suoi piccoli e la moglie, lasciati in balìa dei nemici.

Un poeta deve soffrire due volte: prima quando immagina e poi quando la immaginazione si fa carne.

Ore interminabili queste di Roma, che ritorneranno in tanti versi del poema.

I rappresentanti dei banchieri fiorentini hanno sul volto la stessa luce obliqua di Bonifacio.

Entrerà a Firenze l'esercito francese? Consegnerà il Comune ai Neri, alla parte selvaggia?

È distante Firenze da Roma, ma frustando i cavalli, più spesso cambiandoli, le notizie arrivano presto. Sono dapprima avvolte dal fumo; poi nette, vergate con l'inchiostro nero.

I francesi sono entrati. Corso Donati a cavallo, alla testa di una avvinazzata schiera, ha dato l'avvio ai delitti, alle depredazioni, agli incendi.

Dante si rappresenta tutto, i Bianchi insanguinati nei loro letti, vecchi in fuga, le case depredate, ode i pianti delle donne, i gemiti degli infanti, la bestiale voce degli stupratori. E i suoi bambini? sua moglie? Inamovibili, limpide, violente gli appaiono le scene.

Presto arriverà la notizia del processo, accusato di essere ladro, raggiratore, ignobile cittadino.

Che è successo in quel fatale anno della nostra storia, nel 1301, negli ultimi giorni di quell'anno?

Lasciamo stare il nuovo podestà, Cante dei Gabrielli da Gubbio, che firma la condanna e ordina al battitore di gridare per le strade dell'amata città l'infamia contro Dante. Quello è il burattino di una tragica vicenda.

Ma Bonifacio VIII? Lui è il Papa e manda in esilio Dante Alighieri, il nostro poeta. Accordandosi con Carlo di Valois, con i Neri, condanna Dante a non vedere mai più Firenze, mai più il suo bel San Giovanni.

Gli era capitato di avere Dante davanti a sé, la fortuna, la gloria di parlargli, riceverne consiglio, e non avverte, non indovina, non sospetta, non usa neppure prudenza. Solo avvinto dalla superbia e dalla ingordigia, solo lieto della sua astuzia.

Aveva davanti il viso di Dante, che pur doveva trasparire una luce, il riverbero di una fiamma, e si limita a fare delle promesse che già sa di non mantenere.

L'unica scusa che potrebbe accampare – quanto da poco – è l'imprevedibile. Un grande poeta è un cataclisma che non si può prevedere, un fenomeno inarrestabile che dura nei secoli e, più trascorre il tempo, con maggiore dolcezza convince e conquista sia i cuori semplici che le anime elette. Possiede la serena folgore della giustizia, illumina la verità, svela i peccati, le vergogne. E, certamente, mentre è in vita, difficile scoprire che lo si ha davanti, arduo indovinarlo, prevedere quel cataclisma.

Sì, imprevedibile. Però lui era il Papa. I tre ambasciatori fiorentini non gli chiedevano di prodigarsi per il bene, gli domandavano soltanto di non fare il male.

E lui, non solo non fa nemmeno il minimo del suo dovere, ma cura così poco i suoi interessi – è così sprovveduto, così cieco – che da sé si bolla con un sigillo infuocato che tutt'oggi continua a friggere la sua carne.

VIII

– *Il banditore grida per le vie di Firenze che Dante è stato condannato a essere bruciato vivo.*
– *Primo tempo dell'esilio.*
– *Grande raduno a San Godenzo dei capi bianchi e ghibellini.*
– *Dante è tra loro.*
– *Ambasceria di Dante a Verona, presso gli Scala.*

La libertà non è stabile; oggi un popolo ce l'ha, domani la perde. Appunto per questo, se gli uomini avessero mente, non fossero in balìa delle passioni, ci dovrebbe essere una sacra consuetudine per coloro che sono costretti all'esilio: come fratelli essere immediatamente accolti dai paesi liberi.

Però questa consuetudine né c'era a quel tempo né oggi esiste. Dante è all'inizio dell'esilio. A Roma gli sono arrivate tutte le notizie. Il giorno dieci marzo 1302 il banditore per le vie di Firenze ha gridato la seconda condanna, il rogo, se lo prendono lo bruciano vivo.

La fantasia nei precedenti giorni ha sanguinato sulla giovane moglie, sui bambini, sulla gentile sorella.

Giunge infine la notizia che i familiari, la sposa e i figli sono in quanto alla vita salvi; per i beni non c'è stata una completa confisca. La moglie è una Donati, della grande famiglia dei Neri, la fazione che ha vinto. Questa parentela ha reso dubbiosi gli aizzatori della plebaglia, ha allontanato le improvvise vendette, le acute turpitudini.

Gli uomini costretti all'esilio, che devono fuggire dalla patria, in un primo tempo sono occupati tutti a conservare la propria vita e quella delle persone care; subito dopo ci sono le sostanze, salvare ciò che si può.

Poi, una volta fuori dai confini, sfuggiti alle zanne, il nuovo impeto è ritrovarsi, rivedere quelli della propria parte, raccontare come riuscirono a sottrarsi, quali gli insulti, le paure, le ferite, sapere chi morì, chi fu straziato, chi ha tradito; e imprecare, giurare vendetta, urlare i nomi dei nemici.

Ci sono anche le recriminazioni. Gli esuli fiorentini biasimano i Cerchi, sempre tentennanti, non si sapeva mai se banchieri o capi di un partito, mai con la spada in mano, e una volta infilata una strada, via per quella.

Si doveva essere tutti più decisi non sognatori, essere all'occasione cinici, con la testa nella realtà e perfino allegramente crudeli come *il barone*, Corso Donati. È il tempo che vuole così, omicidio e avarizia costringono la politica.

« Ed ora che facciamo? »

« Tornare a Firenze. »

« A qualsiasi costo. »

« Con le armi. »

« La pagheranno tutti. Questa volta saremo peggio che con i pistoiesi. »

« A Pistoia il sangue ci fu, ma non ne approfittammo. »

« Fu al solito colpa dei Cerchi, sempre indecisi. »

Questi guelfi bianchi l'altro giorno circolavano per le strade della loro città; la speranza di ritornare è calda, sembra impossibile svegliarsi la mattina e non udire dalle finestre il chiacchiericcio fiorentino.

Quanto per Dante l'esilio è più folto di sentimenti! Impossibile non stare a Firenze, è il suo mondo: qui la conoscenza di ogni persona, i rapporti tra le vicende, i moventi delle azioni; e stendere infine, ordinare sulla carta l'immenso tumulto di immagini; fare del volgare una lingua capace di confessare ogni moto dell'anima, togliere dal popolo i vocaboli giusti. E il sogno politico: libero il Comune, la Chiesa senza mercato.

Passano i giorni. Gli esiliati si sono raccolti a Siena, Pisa, Arezzo, nemiche di Firenze. Qualcuno si avvicina il più possibile ai confini della patria, quasi aguzzando la vista potesse individuare il bel San Giovanni.

Ma i guelfi – beffardo gioco della storia – chi si trovano adesso spalla a spalla?

I loro nemici, i ghibellini, quelli che loro stessi mandarono in esilio, cacciarono da Firenze.

Ai guelfi, usi all'incenso e alla genuflessione, capita ora di sorridere, stringer la mano ai ghibellini, laici, contro il Papa, per l'Impero.

L'azione di qui in avanti sarà comune, stessa sorte li unisce, stessa voglia di Firenze.

A Gorgonza, tra Siena e Arezzo, c'è il primo raduno, ma di poco conto. È a San Godenzo, l'otto giugno 1302, quello grande.

San Godenzo è sulla via che dal Mugello porta in Romagna, un paesino su una collina tutta colma di ulivi, in linea d'aria distante quaranta chilometri da Firenze.

Si riunirono nell'abbazia del paese, nel coro. Erano in pochi, diciotto, nove guelfi bianchi e nove ghibellini. Sono i capi, i più importanti, quelli del censo, i ricchi. La guerra è avida di denaro, ed è anche un affare come dimostrano gli Ubaldini che sono disposti sì a mettere a disposizione il loro munito castello di Montaccianico però niente promesse verbali, scritti di notaio, ipoteche, saranno comunque risarciti, i capi bianchi garantiranno con le fortune personali.

Ma il gran fatto, la notizia, quello che interessa a noi, è che tra questi diciotto c'è Dante.

Il poeta ha trentasette anni, è povero o per lo meno non può certo prodigare monete d'oro. Dante è stato invitato per la sua persona, per la fama, per virtù, perché sapevano chi era.

Questa la notizia. Finalmente sappiamo, per via della riunione di San Godenzo, che Dante a trentasette anni era ammirato per l'ingegno, amati i suoi canti, temuta la sua eloquenza, dominante la sua cultura.

E qui a San Godenzo gli viene affidata una missione, andare a Verona da Bartolomeo della Scala, il grande ghibellino, per ottenere fanti e cavalli.

Ancora bella la stagione, Dante se ne va alla ambasceria, al palazzo del Cane di Verona.

Che differenza dai plumbei rintocchi degli esiliati! Qui feste, canti, danze, donzelle, amori. Sono anche pronti alla guerra, soldati, ma intanto si convita, sventolano le bandiere nei tornei, all'alba il corno chiama alla caccia. C'è magnificenza, nel palazzo si incontrano giullari e dotti, uomini di ogni terra, profughi politici di diversi paesi, famosi ghibellini in esilio. Si disputa di filosofia e astrologia, teologia e astronomia.

In questa Corte le canzoni d'amore di Dante sono conosciute ed anche la musica che vi ha intonato Casella. Spesso le donne la sera le cantano, accompagnandosi con la viola. Volano soavi le parole, incantando, smemorando gli ascoltatori.

Dante arriva, tutti sono felici di conoscerlo: un uomo dallo sguardo ardente, che parla in eccezionale modo, di eccezionale bellezza. Nel palazzo in quei giorni si è attenti e fissi a lui.

L'ambasceria ha buon esito. È necessario tornare alla guerra, al proprio destino, riconquistare la patria che si è persa.

Una mattina riprende la strada verso il Mugello dove si stanno preparando le truppe. Qualche dama, sospirando, scosta le tendine che esistevano a quel tempo e segue con lo sguardo il cavaliere che si allontana finché quel puntino si perde nel paesaggio.

Le due fazioni si preparano. Laggiù i Neri, vittoriosi, in città, e con la testa ben chiara. Hanno vinto, hanno confiscato, vogliono mantenere. La fazione avversa sia sempre più misera e sbandita.

E sono bene attenti, non c'è mossa che non sappiano dei Bianchi, che poiché si sono alleati con i ghibellini ora possono anche accusare di empietà, contro la Chiesa.

I Neri in Firenze sono informati di tutto, dei contatti con della Scala, con i ghibellini toscani e romagnoli, dei loro propositi. Sanno della riunione a San Godenzo e del patto firmato nel coro dell'abbazia. Hanno perfino, tra gli stessi Bianchi, dei traditori, come Carlino de' Pazzi, comprato per trecento fiorini.

Per capo i Neri si sono scelto un forestiero con gli occhi iniettati di sangue, felice quando maneggia la ferocia. Si chiama Folcieri da Calboli, romagnolo, di Forlì; subito che era podestà ha dimostrato la volontà di rendere ancora più fondo l'odio tra i fiorentini. Però è un ottimo soldato, ama le armi e la battaglia.

Nell'opposto campo, tra i Bianchi, oltre i recenti esiliati ci sono i ghibellini della Toscana e Romagna. Per capo hanno scelto Scarpetta Ordelaffi, romagnolo anche lui, come quell'altro Folcieri, e proprio di Forlì. È ben noto che questi due si odiano, nemici di vecchia data.

Dante è in mezzo ai suoi, ai Bianchi, ai recenti alleati. Anzi per il posto che occupa nella cancelleria dell'Ordelaffi è a contatto con ognuno.

È ancora lui, come al tempo dei comizi, che anima, spiega, tenta di legare, sprona all'ideale; la stessa energia.

Sa bene chi sono i suoi compagni, non è cieco. C'è qualche nobile e fiero ghibellino, qualche bravo e generoso guelfo, ma in numero scarso.

La torma – capi e gregari – è di angusti di mente e meschini di animo, segretamente con l'occhio alla preda, provvisori, indisciplinati, scioccamente arroganti, brancolanti verso una vile vendetta.

Dante cerca di dare volto a quella accozzaglia. Una disperata speranza lo muove, il miraggio di tornare all'amato ovile.

IX

- *La battaglia di Pulicciano. Quale sconfitta e vergogna per i Bianchi! Il sanguinario Folcieri da Calboli si diverte poi su di loro.*
- *Crudele beffa all'avvocato Donato Alberti.*

Si vide a Pulicciano se i Neri erano decisi a farla finita con i Bianchi; oltre sgominarli, farne ludibrio, ridurli ridicoli davanti al popolo.

I Neri avevano le idee chiare e avevano scelto bene.

Subito proclamarono:

« Voi Bianchi vi siete uniti ai ghibellini. Dunque siete dei traditori e dei banditi, contro il Papa, contro la Chiesa, degni della forca. »

« Giusto estirparvi. Non ne rimanga grano in Firenze, tirar giù anche i tiepidi, quelli in ombra e incamerare le sostanze, confiscarvi tutto. »

« Noi solo siamo i guelfi, rimasti solo noi. Noi a difendere la Chiesa, la religione. Giustamente noi soli i padroni di Firenze, i Magnati. »

Tutto questo era proclamato per invogliare il popolo ad approvare i rubamenti, applaudire le persecuzioni, coprire di disprezzo gli sconfitti, e le loro idee democratiche.

E come in questa pratica politica i Neri ebbero le idee chiare così nella scelta degli uomini, appunto Folcieri da Calboli, che era forestiero e cattivo, e lo nominarono podestà.

Come avrebbe potuto uno di loro frugare così col pugnale nel petto di concittadini? I Bianchi erano pur stati fino a poco tempo prima a contatto in tante vicende, del loro stesso partito, spesso legati anche dalla parentela.

Invece un forestiero, Folcieri, era imparziale, per il bene di Firenze, tutto il sangue che voleva, e ancora più fondo solcare l'odio tra i fiorentini.

Mesi bellissimi della storia d'Italia, perché un grande poeta assisteva a tutto ciò. Ogni episodio poteva eternarsi in poesia.

I Bianchi erano accampati a settentrione di Firenze, nel Mugello, nella parte alta della Val di Sieve.

Nei mesi precedenti c'erano stati scontri di pattuglie, scorrerie, solite case di contadini bruciate, stupri, altri guasti.

La battaglia importante fu a Puliciano nella primavera del 1303, nel marzo.

I Bianchi avevano seicento cavalieri e quattromila fanti; tra loro anche i ghibellini romagnoli. Al comando è l'Ordelaffi. Il piano è scendere fino a Puliciano, a pochi chilometri dalla città. Di qui calare a Firenze, sorprenderla, penetrarvi, ritornare padroni.

I Bianchi senza incontrare ostacoli occupano quel borgo. Si fanno ottimisti, facili, soddisfatti del loro numero. Non c'è che da seguitare verso la meta.

Folcieri a Firenze viene avvertito. È a palazzo. Raduna i soldati che trova sottomano. Non aspetta neppure che ci siano tutti. Monta a cavallo e va incontro al nemico. Arde di incontrarsi con l'Ordelaffi, per il quale ha antico astio; lo odia. Tutti e due di Forlì.

I soldati lo seguono, amano esser comandati da Folcieri. Lo sanno spietato con quelli dentro le mura; prevedono lo sarà con i fuorusciti.

All'improvviso i Bianchi scorgono Folcieri con i suoi. Non se lo aspettavano.

Folcieri viene avanti, assale, e comincia a uccidere; i suoi soldati con foga lo imitano. Folcieri ama il sangue e la guerra.

I Bianchi si turbano. Erano in tanti. Bastava che l'Ordelaffi si fermasse, valutasse, desse gli ordini, gli ufficiali li trasmettessero; e schierarsi, combattere.

Folcieri era con pochi.

Invece si smarrirono e presero la fuga.

Ci fu anche questa vergogna: furono scannati mentre scappavano e non in combattimento.

E non solo, fecero la stupidaggine più grossa da parte di soldati. Si sbrancarono, si disunirono, ognuno tentò un salvamento personale, compreso il gran capo, l'Ordelaffi. Invece di fuggire almeno stretti, ciascuno arrancò per il proprio viottolo, verso i luoghi da dove erano partiti.

E del resto quale ideale li univa? Sulla loro bandiera non c'era scritto che si battevano per la giustizia, contro i privilegi, contro i parassiti, per la libertà del Comune. I più erano mossi da meschine rivalse, desiderio di preda, cupe vendette. Quasi tutti avevano la mente torbida, l'animo impuro.

E poi che c'entravano tra di loro i romagnoli, che furono tra i primi a scappare sì che la paura – come succede nelle battaglie – d'un tratto diventò un vento?

Ognuno cercò di salvare unicamente la propria carne. Fatalmente accadde ciò che doveva accadere.

Soli, spauriti, affannati per la campagna, furono in balìa dei contadini, che quando loro capita sono più degli sparvieri.

Chi aveva indugiato, chi non era fuggito con sveltezza a causa dell'età o per non essere uso alla pesante armatura, fu da Folcieri acchiappato e portato a Firenze. Tra i quali, esemplare, l'avvocato Donato Alberti.

Questo avvocato era stato un compilatore degli Ordinamenti di giustizia, delle leggi democratiche, diritti a chi lavora, protezioni dei deboli contro i nobili, contro gli alteri ricchi.

Era stato anche un fastidioso, aveva arieggiato più che non gli spettasse, arrotondato troppo le parole, fatto la ruota come spesso succede a quelli di una nuova classe – non usa al comando – che è salita al potere.

Folcieri lo prese a Pulicciano e lo trascinò a Firenze, cappone pronto per la Pasqua. Lo portò al Palazzo, al municipio, dove tanto il leguleio aveva mostrato il petto.

Lo vestì da villano, lui che si era creduto un signore, da villico, col farsetto, gli mise gli zoccoli, e su un asino lo mandò in giro per Firenze, lui che aveva steso gli "Ordinamenti di giustizia".

La plebaglia, lieta a sputare, esultava.

Riportato al Palazzo, Folcieri gli fece mettere intorno alle ascelle una corda, la quale continuava in una carrucola alta.

Così come al pozzo il secchio si solleva o scende, tutto gravitando intorno al superiore travicello, così fece di lui un ludibrio, alzandolo da terra, tenendolo sospeso, vestito come in maschera, e poi buttandolo giù strappandolo nelle membra.

Lo dileggiò all'estremo, davanti a quel popolo che l'aveva eletto.

Mentre era su, in cima, Folcieri lo interrogava, e l'Alberti riuscì ancora a rispondere con un grado di dignità.

Infine Folcieri chiese ai suoi padroni il permesso di ucciderlo.

I Neri dapprima tentennarono, non per pietà, perché consapevoli che la ferocia come un'eco ritorna.

Poi glielo lasciarono ammazzare; insieme ad altri che qui è inutile nominare.

Questi furono i tempi di Dante, di cui si nutrì. Viveva quella fantasia toscana che incontrando barbare condizioni, dopo l'eccidio, commesso il pesante peccato, diventa pura, trasfigura in poesia. Forse la grande Arte trae ispirazione dallo scatenamento di profondi sentimenti, che si distendono sotto la luce.

Dante è al centro delle cose, alla cancelleria dell'Ordelaffi. Aveva animato, incoraggiato, un tizzone, pur giudicando chi intorno gli si muoveva.

Subito sa le notizie; i fuggiaschi trafelati le fanno più fosche.

Di nuovo la patria si allontana, di nuovo la speranza si dilegua. Quanto aspettare ancora?

Per di più gli uomini sono così fatti che se – messisi in una impresa – c'è la vittoria, allora si dimenticano di chi illuminò e spronò durante le dubbiosità, se ne dimenticano per appropriarsi di ogni fermezza.

Se invece pèrdono, eccome se si ricordano degli animatori e vanno da loro per rovesciare le disillusioni, le accuse di non aver previsto, sbagliato ogni mossa, aver sognato.

Dante contempla anche questa scena.

X

- *Una notizia folgorante: è morto Bonifacio.*
- *In che modo Filippo il Bello, Re di Francia, era riuscito a instruire un processo per ateismo contro quel Papa.*
- *Il Re invia in Italia il fido Nogaret.*
- *Tutti che ha intorno al palazzo di Anagni – soldati e cortigiani – tradiscono il Pontefice.*
- *Sciarra Colonna penetra fin nelle stanze intime del Papa e gli sputa velenosi insulti.*
- *Saccheggio del popolo e suo pentimento.*
- *Bonifacio VIII muore di rabbia, le labbra verdi di bile.*
- *Con la morte del loro più grosso nemico, per Dante e per i Bianchi rinasce la speranza di rientrare a Firenze.*

Con la sconfitta di Pulicciano la speranza aveva reclinato il capo. Firenze, la bella gemma, più e più si allontanava.

Dante è alla segreteria dell'Ordelaffi. L'ago batte al tempo scuro, all'acqua tinta.

Per i Bianchi oltre l'avvilimento della sconfitta c'era stata la feroce beffa sui prigionieri, la berlina prima del patibolo.

Per gli esiliati in quei giorni, comunque volgessero il capo, si alzava una plumbea cortina.

Quando arrivò la folgore della notizia.

Bonifacio VIII, il Papa, il vecchio dalla lingua vibrante del serpente, il nemico primo, la fonte di tutte le sventure, era morto, era freddo su un catafalco.

La speranza scoppiettò come quando improvvisamente le fascine prendono fuoco, ognuna soffia sul rosso della compagna.

I particolari che arrivarono furono avidamente bevuti, le gole erano arse.

Mentre l'estate cominciava a spegnersi, ai primi di settembre, Bonifacio da Roma aveva raggiunto l'amata Anagni, paese natale, sua roccaforte. Aveva con sé i parenti Caetani e cinquecento armati.

Nonostante che a Roma ondeggiasse qualche turbolenza, era pasciuto della sua tronfiezza, il potentissimo sulla terra; al suo passaggio il popolo giustamente si escoriava rotolandosi nella polvere disseminata di sassi. Anche i re si facevano bassi davanti a lui.

C'era soltanto quel Filippo il Bello, Re di Francia, che scalpitava, recalcitrava, non faceva eco alle sue mire, non assecondava gli interessi dei Caetani, tentava arginare l'estendersi della Chiesa. Persino trescava, aizzava contro il papato. Ma già una lezione gli era stata data, *la scomunica*.

E adesso era per riceverne un'altra. Bonifacio infatti aveva in animo – e l'aveva annunciato – di incoronare imperatore Alberto d'Austria, farlo capo di tutti i re, padrone quindi anche di Filippo il Bello. Venisse umiliato quel Re di Francia!

Nel suo palazzo di Anagni dunque, contiguo alla cattedrale, se ne stava il Pontefice sul finire di quell'estate 1303, sicuro che nessuno osasse fronteggiarlo.

Invece non era così.

Il Re di Francia era un uomo prudente e sottile. Aveva pesato i discorsi di Bonifacio, se le sue parole rimbombanti avevano dietro la sostanza, se davvero era forte.

Il Re di Francia era irato contro il Papa perché non solo in passato con Bolle e nei Concili aveva tentato di diminuirlo dichiarandolo dipendente, anche civilmente, dal pontefice, ma nella guerra contro la Fiandra Bonifacio si era messo tutto dalla parte dei nemici: tanto sangue francese era colato nella battaglia di Courtrai!

Ultimamente c'era stata la scomunica, ed ora l'annuncio di quell'imperatore, la corona ad Alberto d'Austria.

Filippo il Bello, Re di Francia, si mosse.

Fece istruire il suo popolo. Dagli altari il clero minuto

e su su fino ai cardinali spiegarono ai credenti che quel Papa era sudicio di ogni vizio, commerciante di cose sacre, adoratore della paganità, eretico, nemico della Chiesa; funesta realtà che sedesse sul trono di Cristo.

E non solo, si insinuò anche, si sollecitò l'avarizia che sempre serpeggia, dicendo che le elemosine date dai francesi, il Papa le regalava agli italiani. Da baggiani sopportare quel raggiro.

Quando Filippo il Bello intese che il popolo era con lui, stretto, allora indì due grandi assemblee, folte di baroni, prelati, legisti, francescani, domenicani. Lui in mezzo a tutti.

Le assemblee indicarono il papa Bonifacio VIII quale eretico, negatore dell'immortalità dell'anima, della vita eterna, imbrattato di ogni villania e peccato; invitarono il Re a indire un Concilio, al quale Bonifacio doveva presentarsi.

Fu a questo punto che Filippo il Bello chiamò il cancelliere, il fedele cortigiano Guglielmo di Nogaret.

Poi dopo, quando il gioco fu fatto, contritamente Filippo il Bello dichiarò che lui non aveva dato nessuna disposizione, mai più ordini di violenza. Aveva solo detto a Nogaret di recarsi in Italia, bussare alla porta del Pontefice, avvertirlo del Concilio, delle accuse, venisse a scolparsi.

Ma i cortigiani sanno leggere nei silenzi dei loro re, come avessero in mano una torcia camminano nei sotterranei della loro anima. Loro compito attuare le segrete volontà, raggiungere le non confessate mire, soddisfare quella vendetta che da lungo tempo rosica il cuore.

Nogaret partì per l'Italia. In quanto alla borsa, carica; in quanto alla perspicacia, per nulla bendata.

La prima sosta fu al castello di Staggia, dove abitava il mercante fiorentino Musciatto, conoscitore di ogni intrico italiano; anche in passato consigliere dei francesi.

In quel castello si costruì il trabocchetto per Bonifacio.

E, del resto, come poteva Nogaret fare diverso? Poteva forse giungere alla stanza del Pontefice e:

"Sono il rappresentante del Re scomunicato e le reco i suoi comandi. Il Re di Francia senza essere papa ha indetto il Concilio. Lei a questo si presenterà e vi sarà accusato. Questi gli ordini."

Intanto, figurarsi se Bonifacio avrebbe ricevuto il rappresentante di uno bollato dalla scomunica!

E anche fosse accaduto, come avrebbe potuto dire sì, lui, eccezionale pontefice, con lo scettro che gettava ombra sulla terra, lui che era sempre stato accusatore, aveva sempre e per ogni dove tagliato definitive sentenze?

Musciatto conosceva i segreti rinchiusi nei cuori italiani. Nel suo castello si ordì la rete per Bonifacio.

Il primo a essere attirato fu il capitano Rainaldo da Supino, uno che stava al fianco del Papa come un familiare; comandava la milizia di Ferentino, vicino ad Anagni.

Rainaldo, mostrava commuoversi a una piccola benevolenza del Papa, untuoso a ogni suo motto, si prosternava.

Invece lo odiava. Il Papa aveva fatto imprigionare sua sorella, andata sposa a un nipote di Bonifacio. Questo nipote era un debosciato e a un certo punto si era voluto levar di torno quell'impaccio di moglie. Bonifacio l'aveva accontentato, facendola rinchiudere in un freddo convento.

Rainaldo da Supino, il fratello, subito disse di sì alla congiura.

Facilissimo fu con il feroce Sciarra Colonna, che amava la vendetta quanto la propria carne, la sua famiglia emblema di inimicizia per quella dei Caetani.

Non si trascurò nulla. Il capo della guardia personale del Pontefice fu preso con l'oro. Nogaret era sceso in Italia con borse pesanti.

I baroni della campagna intorno ad Anagni, nei paesi di Supino e Ceccano, furono della partita. Desideravano il favore del Re di Francia, ma insieme avevano disgusto per quel Papa.

Ci furono contatti con gli stessi notabili di Anagni, che accettarono.

Persino due cardinali di curia, Napoleone Orsini e Riccardo Petroni – che riverenti alzavano nei sacri riti il Gran Manto – furono della combutta.

Quanti ti odiavano, Bonifacio.

La notte del 6 settembre 1303. Era di sabato.

Dante era in Romagna, dall'Ordelaffi.

Io parlo di questi avvenimenti perché lui li conobbe, li soffrì, li immaginò, ne fece sua sostanza. Solo per tale ragione mi immedesimo in queste storie.

Nogaret e i congiurati, tra fanti e cavalieri, erano circa ottocento.

Entrarono di notte in Anagni. Avanti a tutti ostentatamente sventolava il vessillo del Papa. Dietro c'era quello di Francia, col giglio.

Volevano significare che non avevano nulla contro la religione, anzi, per quella operavano, per la sua conservazione, per difendere il trono di Cristo, in sudicie mani.

Il popolo di Anagni annusò il saccheggio. Si fantasticava – ed era vero – che tra le mura della cattedrale e il contiguo palazzo dormisse un enorme tesoro.

Solo i nipoti del Papa, soltanto loro, svegliati dai rumori notturni, subito si accinsero alla difesa, dalle finestre del palazzo.

Tutti gli altri avevano tradito.

Le mura e le porte tanto della chiesa che del vicino palazzo erano robuste. L'assedio avrebbe potuto essere lungo.

Sotto lumeggiavano le balestre, si indovinavano i movimenti delle macchine contro le porte, per aprirsi un varco.

Quelli di Nogaret accatastarono fascine intorno alla cattedrale e appiccarono il fuoco.

Un denso-acre fumo avvolse anche il contiguo palazzo.

Gli assediati, i nipoti Caetani, dovettero cedere.

Le porte si aprirono. Nogaret ebbe accesso alle scale. Arrivò alla stanza del Papa, davanti a Bonifacio.

Come un toro nell'arena che fino all'ultimo combatte, tale fu. Apparve guerriero in ogni suo comportamento, e meglio degli aggressori.

Nogaret gli disse del Concilio, di ciò che era accusato, lo invitò a rinunciare alla tiara.

« No » urlò il vecchio. « Tagliatemi il collo, ma no. Sono pontefice, tale rimango » e sembrava brandisse uno scettro fiammeggiante.

In quel momento avanzò lo Sciarra Colonna, madido di odio. Stridette insulti, arrabbiate sibilarono le sillabe; si avvicinò per arraffarlo, le unghie verso il viso.

Nogaret urlò ai suoi soldati che non permettessero. Sciarra Colonna, turgide le vene del collo, finalmente il suo nemico davanti, mani francesi lo fermarono nelle spalle.

Intanto il popolo di Anagni, i soldati di ventura, accecati dalla cupidigia, invadevano le stanze alla ricerca dell'immenso tesoro. Agguantarono perle, abbrancarono ori, portarono via, tutto luceva, unica occasione, non si sapeva calcolare, affamati in un fastoso banchetto.

Per tutte le stanze un percotere di passi, correre, bramare, esplodere degli istinti più bassi.

Il compito di Nogaret era imprigionare il Papa, portarlo al Concilio, davanti al suo Re.

Come Gesù Cristo nel costato, Bonifacio sanguinava nell'orgoglio, bava di toro ferito, incredibile ciò che vedeva e udiva, lui che aveva sempre brandito il potere.

Eravamo nel 1303. Gli uomini credevano. Giotto faceva madonne che mai furono così belle, carnali e sante, Gesù abitava nei cuori, il Pontefice era Dio sulla terra, si credeva nella resurrezione della carne, al raduno nella valle di Giosafatte, nell'inferno, nel purgatorio, nel paradiso, nei diavoli, nei santi.

Tre giorni durò l'ateismo.

Tre giorni corsero per le stanze i predatori, gli spergiuri.

Il terzo giorno l'unico cardinale rimasto fedele, il Fieschi, si affacciò a una finestra del palazzo. Sporse la mano, indicò il cielo.

Subito il popolo si radunò; non aspettavano che quel segno. Quasi non ci fu bisogno che egli parlasse.

Si misero in ginocchio, chiesero perdono. Uno gridò che erano pronti a riportare diamanti, gioie, ricostituire il tesoro, ciò che avevano rubato.

Con la stessa subitaneità che era successo tre giorni prima. Ora all'incontrario.

Il cancelliere, il cortigiano Nogaret – tutto consacrato al suo padrone – fu aggredito e colpito dalla turba risuscitata.

Sanguinante, zoppo, si allontanò di notte da Anagni.

Gli altri congiurati, a branchi, inseguiti dal popolo inferocito, si spersero per la campagna.

I cardinali traditori si salvarono travestendosi da comuni villani.

Il Papa fu libero, e rimase ancora undici giorni nel suo

palazzo saccheggiato. La sua superbia sanguinava. C'era da fare la somma dei tradimenti, delle offese.

Poi rifù a Roma. La notte si aggirò tra le sue mura, urlando selvaggiamente; a tratti incredulo che tutto ciò fosse accaduto.

Morì di crepacuore dopo tre settimane.

Un papa di grandi qualità e vizi, che aveva combattuto con ardore a pro della Chiesa e le aveva reso favori; in ugual misura l'aveva danneggiata.

O voi tutti, Nogaret, Filippo il Bello, Alberto d'Austria, Guido da Montefeltro – e quanto mi piacerebbe sapere la storia di una creatura bella come Matelda, che ha tutte le seduzioni di una amante e le purezze di una vergine – anche tu, Bonifacio, libidinoso di comando, voi tutti del grande stuolo, se mi chino sulle vostre figure con pazienza e fervore è solo per Dante, lui vostro sole, perché foste oggetto delle sue riflessioni, attento ai vostri moti, occupaste il suo animo, elementi della sua futura poesia.

Altrimenti sareste nello squallido abisso dell'oblio.

Bonifacio era laggiù a Roma sul catafalco, morto di rabbia, morto mangiandosi le mani.

Tra gli esiliati rialbeggia la speranza.

Particolarmente bello questo momento della vita di Dante.

Dopo aver combattuto e sofferto, sopportato tante delusioni e sconfitte, eccolo subito torna in lizza, sicuro che nel mondo trionfa l'amore, pronto con la parola, con gli scritti, con tutto sé, alla giustizia.

XI

– *Vien fatto papa Benedetto XI.*
– *Il cardinale paciere Niccolò da Prato è accolto a Firenze dal popolo festante che gli agita ramoscelli d'ulivo.*
– *Memorabile ritorno in Firenze di dodici rappresentanti Bianchi e Ghibellini.*
– *Il nipote di Farinata suscita commozione.*
– *Dante segue da Arezzo ogni mossa.*
– *Poche le ore della tregua. L'odio ridivampa. I rappresentanti Bianchi e Ghibellini fuggono.*
– *Grande incendio dei ricchissimi magazzini dei Cavalcanti.*
– *Nuovo tentativo con le armi, ma Baschiera della Tosa rovina tutto.*
– *Benedetto XI, il Papa santo, muore di veleno.*
– *I compagni di esilio insultano Dante.*
– *Dante povero e solo.*

Avrebbe voluto il re francese che i cardinali eleggessero un papa per lui, suo vassallo.

Ma gli uomini della Chiesa erano nauseati delle ragioni politiche, sdegnati per l'asservimento del sacro al profano.

Compatti i cardinali, unica anima. In poche ore elessero papa una persona santa, il domenicano Niccolò Boccasini di Treviso.

Il nuovo pontefice era stato per molti anni capo del suo ordine. Legato in diversi paesi stranieri. Da bambino aveva conosciuto la miseria; sapeva il male del mondo. Per la Chiesa e per la carità si era sempre battuto con sagace tenacia.

Il Boccasini prese il nome di Benedetto XI. E subito, sedutosi sul soglio, tra le prime cure, ci fu l'odio che avvelenava Firenze, quella rossa ferocia: come poterla mitigare e poi vincere.

Con sottigliezza scelse un paciere, accetto a tutte le parti e lo inviò a Firenze.

Questo paciere era di antica famiglia ghibellina; e quindi quegli alteri potevano esserne soddisfatti.

Era frate predicatore, le mani giunte. Quindi i guelfi bianchi e neri, guerrieri da Santo Sepolcro, non avevano da opporsi.

Si chiamava Niccolò da Prato, era cardinale, un uomo pratico; in verità disposto a seguire il senso comune più che genialmente immedesimarsi nei furori dei fiorentini.

Aveva un compito dei più ardui: spegnere le frecce che saettavano tra le opposte fazioni, riportare il sereno in quella aiuola di sterpi.

Ma il fondo, la verità della questione, il vero ostacolo da rimuovere era questo:

Perché sul serio in Firenze tornasse la pace, sarebbe dovuto accadere che i Neri – in quel momento al potere e vittoriosi – restituissero agli esiliati, agli sconfitti Bianchi e Ghibellini, le terre, le case, gli ori che avevano loro confiscato.

Il cardinale paciere Niccolò da Prato sarebbe riuscito a strozzare nel collo l'avarizia? costringere chi prese a ridare? a restituire non solo la ricchezza ma anche le cariche pubbliche, gli onori, i segni del potere?

Dalla sua parte, in suo favore, c'era il popolo, stanco di cattiverie. E inoltre, stranamente, in ogni luogo, tanto ricco che povero, per ogni strada e vicolo, serpeggiava silenziosa, a volte non confessata, la speranza di rivivere un po' da cristiani, via i delitti, i sospetti, gli incombenti nuovi dolori.

Contro di lui, contro il cardinale paciere, c'erano tutti coloro, a qualsiasi fazione appartenessero, che non concepivano il potere se non con la violenza, non credevano alla giustizia, in sostanza avevano più cara la vendetta di ogni altro sentimento.

Niccolò da Prato si mise all'opera.

Il 10 marzo 1304 entrò a Firenze e là, nello spazio davanti al bel San Giovanni, fu accolto da un ondeggiare di rami di ulivo. « Pace! » gridavano donne e uomini da ogni raggio muovendo il ramoscello. Il popolo ardeva che il sole splendesse senza lutto.

I Neri sembrarono soffocati da tanto polline. Niccolò da Prato parlò loro a nome del Pontefice, con ognuno dei capi ebbe colloquio, si richiamò alla religione, le virtù teologali e quelle cardinali; cristiano chi perdona, chi è all'altro fratello.

I Neri – né potevano ufficialmente fare diverso – ammisero, si inginocchiarono.

Allora Niccolò da Prato, mentre in Firenze tentava di tenere accese quelle fiammelle, mandò in fretta un suo legato ai fuorusciti, agli esiliati, che convenissero, accettassero, si dichiarassero anche loro felici della prossima fratellanza.

E ce ne dovettero volere dei discorsi, contatti, colloqui, gite per i paesi di Toscana e Romagna dove si erano rifugiati Ghibellini e Bianchi, ce ne dovette volere di pazienza, poiché così chiaramente traspare dalla lettera che Dante stilò al cardinale paciere a nome di tutti gli esiliati.

Dante in questo tempo era ad Arezzo, insieme al grosso degli sbanditi, e toccava la miseria, viveva la squallida solitudine, accosto a gente che aveva così poco del suo sentire.

Ad Arezzo gli esiliati avevano costituito una Università; a capo ne era stato eletto il conte Alessandro da Romena, un uomo da tutti rispettato per la probità. Dante era stato nominato Consigliere e quando si trattò di dare una risposta alle profferte del cardinale paciere, di Niccolò da Prato, fu ancora una volta incaricato lui di stendere una lettera, nella quale traspaiono l'imbarazzo per il ritardo della risposta, il pensiero selvaggio di molti della sua parte, le esitazioni ad abbandonare il proposito di ritornare a Firenze insieme al sangue, e insieme traspare la gran fede dello stesso Dante per il trionfo della giustizia.

A Firenze il popolo pregava nelle chiese e festeggiava Niccolò da Prato come un salvatore. I Neri erano costretti ad acconsentire di fronte a tanto sfarzo di quiete.

Il cardinale paciere riuscì a stringere un primo risultato.

Ottenne che i rappresentanti dei Bianchi e Ghibellini entrassero in Firenze con le loro insegne e si incontrassero con i rappresentanti dei Neri, insieme discutessero i modi della pace.

La città era divisa in sei parti, sei rioni. Ogni sestiere sarebbe stato rappresentato da due Neri e da due della parte Bianca-Ghibellina.

Dopo tanto tempo gli esiliati poterono rivedere la loro città. C'erano stati insulti, lutti, condanne, ogni sorta di rapine e ferocie.

Le insegne ghibelline apparvero per le strade di Firenze. Il nipote di Farinata rappresentava per il suo sestiere la famiglia Uberti.

Quando per le strade apparve quel giovane e la sua arme, popolani che per quella famiglia avevano combattuto, vicino a quella insegna erano stati feriti, avevano rischiato, piangendo si inginocchiarono e la baciarono come una immagine sacra.

I Bianchi, che erano stati cacciati da poco, freschi i loro ricordi, ebbero vivissime accoglienze dal popolo minuto, dalle schiere degli artigiani, che ben avevano in mente la sollecitudine di quella parte per i loro interessi, le difese contro i Magnati, l'impegno per gli Ordinamenti di giustizia.

I dodici fuoruscuti, Bianchi e Ghibellini, erano ospiti della famiglia Mozzi, di là d'Arno, insieme al cardinale Niccolò da Prato.

Era stata alzata intorno alla casa una staccionata; intorno schierate le guardie.

Del resto il Comune di Firenze, cioè i Neri, avevano dato assicurazione sulla incolumità.

Dante seguiva da Arezzo ogni mossa, con trepidazione. Da quando era morto Bonifacio e più ancora con l'avvento del domenicano Benedetto XI era tornato in fiamma come quando a Firenze faceva i comizi. La fantasia gli faceva vedere la sua città come l'avesse davanti; ardeva di poterla presto toccare con le mani.

Gli era facile immaginare le espressioni e le parole dei rappresentanti che erano stati mandati a Firenze; li aveva scelti lui insieme agli altri consiglieri della Università. Di ognuno Dante sapeva il punto vivo: l'odio di Baschiera della Tosa per il suo parente Rosso; i maneggi che aveva usato Baldinaccio Adimari nel tentativo di uccidere il Valois; Giovanni Cerchi e il vizio della sua famiglia, nel commercio e nell'accumulo abilissima ma poi, tutte le volte che era al momento dell'azione, così si terrorizzava di perdere i soldi che davvero era vicina al naufragio; Lapo degli Uberti, nipote di Farinata, della famosa famiglia ghibellina, che aveva dato la via alle fazioni fiorentine uccidendo Buondelmonti perché aveva mancato fede a una fanciulla del loro casato.

Dante conosce ogni luce e macchia di quelle persone.

E anche su i Neri, quelli della parte opposta, è al corrente: Corso Donati, avido di guerra e di piaceri; Rosso della Tosa, astuto a indovinare il futuro ma ancora più svelto ad afferrare la ricchezza del presente; Geri Spini, carico di soldi, il banchiere di Bonifacio VIII, guelfo, di origine popolana, e nonostante superbo, Magnate.

Arrivano ad Arezzo le notizie di quel che succede a Firenze. Rallegra sapere che anche le donne hanno baciato come reliquie le armi degli Uberti, le hanno indicate ai figli.

Altre considerazioni invece suscitano i reciproci salamelecchi che si sono fatti i Della Tosa. Il giovane Baschiera, che è stato inviato a Firenze in rappresentanza dei Bianchi del suo sestiere, è ben noto per l'odio contro il vecchio parente, il Rosso, che l'ha defraudato dell'eredità, gli ha portato via un bel pezzo di patrimonio. Ebbene, in questa occasione l'odio scompare, viene cancellato; è sostituito dalla superbia della famiglia.

Il vecchio Rosso, capo dei Neri, fa onore al giovane, rappresentante dei Bianchi.

Il giovane Baschiera riverisce il vecchio di settanta anni, venerabile ritratto della sua stirpe.

Impetuosi voli della fantasia di Dante, Firenze a portata di mano.

Arriva il primo stridìo. Pochi giorni sono passati.

Si sono avuti gli abboccamenti tra le due parti. I Neri fanno parole, non conducono avanti i passi verso la pace. Non lo dichiarano ufficialmente, ma è nella luce dei loro occhi, nel suono della voce. Sì il cardinale, il Papa santo, la religione, la fede, il popolo che agita i rami degli ulivi, ma perché cedere il potere, conquistato con coraggio e sangue? Che avrebbero fatto i Bianchi se fosse stato alla rovescia, loro dentro e i Neri fuori? Come si erano comportati quella volta di Pistoia, che fecero un massacro?

Eravamo nel 1304. Si credeva, è vero, ma con più intensità si odiava e uccideva il nemico. Non si concepiva il potere senza sangue.

I Neri sempre più accampano scuse, a ogni ora fanno più irto il pelo setoloso.

E beffardamente distolgono il cardinale da Firenze.

« Pistoia è Bianca » dicono i Neri « in mano alla parte avversa. Vediamo se loro ubbidiscono a Vostra Eminenza. Verghino la pace, invitino dentro Pistoia i loro Neri e Ghibellini, gli restituiscano sostanze e onori. Se questo avverrà, anche noi fiorentini seguiremo. Allora tutto sarà facile, in men che non si dica. »

Sapevano bene che i Bianchi di Pistoia avrebbero fatto come loro, molte chiacchiere e nessuna farina, nessun abbandono del potere.

Il cardinale da Prato abboccò quell'esca e partì per Pistoia. Il popolo minuto al solito agitò verso di lui le fronde di ulivo, lo acclamò salvatore.

Quando con i capi si venne al dunque, fu la stessa musica di Firenze, le medesime malizie, i diversi distinguo e procrastinazioni.

Alla fine il cardinale, irato di tutti i trabocchetti, carico di amarezze, si partì da Pistoia.

Con dolce ingenuità al ritorno passò da Prato credendo che almeno nella sua città avrebbe trovato sincero affetto.

Peggio. Nel frattempo che lui era a Pistoia, i Neri vi avevano aizzato il popolo grasso insinuando che il cardinale voleva favorire Bianchi e Ghibellini e danneggiare loro.

All'ingresso in Prato ci fu il solito sventolio. Subito dopo il rovesciamento e cioè proteste, ingiurie, minacce.

Il cardinale andò via anche da Prato.

E non è finita. Arrivò a Firenze, giunse nelle vicinanze della casa che l'ospitava e un vicino, uno della famiglia Quaratesi, mentre passava gli mostrò una freccia e fece la mossa di tirargliela contro, contro di lui, cardinale, sostituto del Pontefice, venuto a portare l'amore tra gli uomini.

Il papa Benedetto XI in quei giorni era a Perugia. Il cardinale paciere lo raggiunse per raccontargli tutto.

Nella stessa situazione del cardinale si trovarono i rappresentanti Bianchi-Ghibellini che erano venuti a Firenze a trattare la pace, soltanto che per loro, nelle ultime ore, era sorta una possibilità, che però subito si dileguò.

I Cavalcanti erano ricchissimi commercianti, padroni di uno stuolo di case, da Calimala a Ponte Vecchio, e altrettanti magazzini stipati di merce. Per questo erano invidiati e odiati dai capi Neri.

In quei giorni gli artigiani, il popolo minuto, in pratica presso che tutta Firenze, vedevano nei Neri la loro disgrazia; volentieri se ne sarebbero disfatti. Se dunque i rappresentanti Bianchi e Ghibellini si fossero alleati con i Cavalcanti, se in quei giorni fossero stati ospitati nelle loro case e protetti con le armi, il popolo chiamato a cacciare la parte Nera, da Arezzo fossero sopraggiunti gli altri fuorusciti, era vittoria certa.

Ma i Cavalcanti non ebbero lume politico, temettero di mettere a rischio i loro tesori, risposero di no a questa possibilità.

I dodici con rabbia, rancore, veleno, quasi fuggirono dalla loro città e rifurono ad Arezzo.

Ma erano appena arrivati che da Firenze – a riprova di quanto i Neri fossero colombe di pace – giunse la loro ultima scellerataggine.

Viveva a Firenze, tra gli altri, un prete ribaldo, priore di San Pietro Scheraggio. Egli possedeva il segreto del fuoco così detto *lavorato*, forse perché tale mistura conteneva fosforo, un fuoco non facile da soffocare.

I capi Neri si intesero con lui.

Il priore, il 10 giugno 1304 – da due giorni appena il cardinale paciere era partito – inzuppò una torcia in quel suo beverone, la incendiò e la lanciò nell'interno di un magazzino di Calimala, tesoro dei Cavalcanti.

Il fuoco prese vigore. I capi Neri a gara aiutarono il priore a lanciare le torce imbevute di quella mistura. Da Calimala l'incendio gonfia e raggiunge San Michele in Orto dove è un Oratorio gremito di statuette di cera, di ex-voto, e queste sì che nutriscono le fiamme. Per di più quel 10 giugno è una giornata caldissima.

L'incendio invase il Mercato Vecchio. Poi anche il Mercato Nuovo fu un'unica fiamma. Arrivò a Porta di Santa Maria e fino al Ponte Vecchio.

Nei giorni seguenti si contarono fino a 1900 tra case e magazzini inceneriti, una immensa fortuna tramutata in fumo.

I Cavalcanti per cecità politica, per l'avarizia di conservare tutto, erano ridotti a contare gli stracci bruciacchiati. Il popolo disperato per aver perso la pace, per essergli cascata addosso la miseria.

Il Papa, quando conobbe le nefandezze fiorentine, ordinò ai Neri di venire davanti a lui in Perugia, che si inginocchiassero, chiedessero perdono, dimostrassero praticamente che davvero erano pentiti.

I Neri, i capi, che udivano il cupo brontolio popolare, e a quattro occhi convenivano di avere esagerato, aver dato troppo bandolo alla propria indole, decisero di mitigare il loro ritratto, ubbidire al Pontefice, andare a Perugia, tentar di morbidamente lisciare il cardinale paciere, e, al Papa, davanti a Benedetto XI, sbattersi in ginocchio, prosternarsi, e promettere, promettere tutto.

E chi sono questi che vanno a inginocchiarsi a Perugia?

Ma naturale! Gli stessi imbrattati di sangue, gli stessi nomi: Corso Donati, Rosso della Tosa, Pazzino dei Pazzi, Geri Spini.

La notizia che i Neri sono a Perugia arriva tra i fuorusciti. E che succede? Nasce un disperato disegno: approfittare di quella assenza, penetrare in Firenze, con la forza finalmente impadronirsene.

In fretta gli esiliati si accordano; e parteciperanno anche romagnoli, bolognesi, aretini di parte bianca e ghibellina. In più c'è viva speranza che dentro Firenze siano molti i simpatizzanti.

L'appuntamento è a Lastra, a due miglia dalla città. Ognuno verrà con i propri uomini. Quando tutti saranno riuniti, si calerà su Firenze.

Baschiera della Tosa arriva a Lastra prima degli altri. È giovane, ardente, intemperante, bramoso di tutto. E commette lo sbaglio.

L'estate è caldissima; e per di più i soldati sudano sotto pesanti armature.

Il Baschiera fantastica di accaparrarsi da solo tutta la vittoria, lo hanno informato che Firenze aspetta di essere liberata.

Il 21 luglio, mentre il sole è a picco sulle teste, rompendo la consegna di combattere tutti insieme, venendo meno alla semplice avvedutezza di attaccare di notte per sfuggire al caldo e per favorire i probabili amici dentro la città che col buio possono muoversi meglio, il Baschiera si mette alla testa dei suoi e muove verso Firenze.

Arrivano alla porta degli Spadai, che è difesa da un manipolo. I soldati di Baschiera lo travolgono e hanno via libera, entrano in città. Gioiscono per questo successo, che li fa sentire già vittoriosi. Procedono verso il centro della città.

Però è bastato questo piccolo scontro perché il calore sembri più pesante, le armature penosi cilici.

In piazza San Giovanni li attendono i Neri. Sono in pochi, ma arditi.

Si incrociano le spade, che presto sanguinano. I soldati di Baschiera sono più numerosi, ma l'essere da tanto sotto il calore li fa tonti e affannati.

A un tratto scorgono la porta degli Spadai, quella per cui erano passati, avvolta dalle fiamme e presentiscono la trappola, il tradimento, si smarriscono, si sentono chiusi dentro, soffocati dall'afa estiva e vorrebbero liberarsi, tornare all'aperto, fuori dalle mura. Qualcuno si allontana dalla piazza dove si sta combattendo, fugge. È il principio della fine. I Neri che avevano cominciato a combattere pungolati dalla disperazione e dal puro coraggio, intravedono l'insperato successo e diventano fieri, spavaldi, crudeli. Ne uccidono più di quattrocento, altri ne fanno prigionieri.

Quelli che riescono a fuggire, ritornare a Lastra, portano panico, avvilimento, senso di fatale sconfitta. Tutti i soldati che intorno a Firenze aspettavano di calare in città, per questa sconfitta di Baschiera si diacciano, si svogliano di combattere. La concordia tra le diverse schiere, che già prima era stenta, si fa ancora più rada.

Insomma per Bianchi e Ghibellini sta svanendo anche l'ultima occasione di ritornare in patria.

In Firenze quella sera stessa, nei canti delle strade, i Neri impiccano i prigionieri. Sono ventuno.

Un bel mazzetto di fiori da offrire a Dante, una torta da far gustare al poeta.

Manca al mazzetto un fiore speciale; alla torta una polverina.

È necessario completare, che l'infernale mosaico sia provveduto di ogni tessera.

Che manca dunque?

Controlliamo le date.

I primissimi giorni del giugno 1304 il popolo fiorentino agita i ramoscelli di ulivo. Arrivano i rappresentanti dei Bianchi e Ghibellini, la pace è per essere benedetta.

Non passa una settimana e l'8 giugno, l'8 di quello stesso mese, i detti rappresentanti debbono scappare da Firenze. Anche il cardinale paciere corre verso Perugia, a riferire al Papa. Come saluto finale gli hanno mostrato una freccia, pronta per lui.

Due giorni dopo, il 10 giugno, c'è quel bellissimo incendio.

Il Papa comanda che i Neri vengano a inginocchiarsi. Contriti i capi ubbidiscono e si avviano verso Perugia.

Allora i fuorusciti pensano di approfittare di quel vuoto e impossessarsi di Firenze. Se non che la testa balzana del Baschiera manda tutto a gambe per aria. Dalla parte Bianca i morti per spada sono 400, di calappio 21. Siamo al ventun luglio.

Nello stesso giro di giorni, sempre in quel mese, in questo luglio 1304, ecco il fiore raro d'Oriente, la bianca polverina che mancava.

Offrono al papa un piatto di fichi freschi, una primizia.

Il buon domenicano li mangia. Muore avvelenato.

Dante è ad Arezzo. Il ritorno dei fuorusciti è stato più greve di veleno che quella volta di Pulicciano.

Quando gli esiliati avevano deciso di aggredire Firenze, Dante aveva dato voto contrario e aveva illustrato il perché, troppo diverse erano le mire degli sbanditi, ciascuno preda di personale rabbia, di propria vendetta. E non è così che si vince, che si ritorna nella propria patria. Si doveva invece attendere la decisione del Papa, di Benedetto XI, credere nella umana e divina giustizia, volere il bene di tutti, la pace senza sangue.

I compagni di esilio lo insultarono, lo minacciarono; uno snuda il pugnale con chiara intenzione.

Al ritorno, dopo lo scacco per la cieca baldanza del Baschiera, i compagni di esilio sono ancora più torvi, la ragione distorta, ostili alla verità.

Inoltre in quel giro di giorni è morto il capo dell'Università, il probo e nobile uomo Alessandro da Romena, l'unico col quale Dante poteva confidarsi, l'unico amico.

A causa della cerimonia funebre – che si svolge nel Casentino – per la prima volta Dante è costretto a specchiarsi nella sua condizione. Non ha un vestito decente, non una cavalcatura, non di che pagarsi il viaggio. Scrive una lettera ai familiari che non può partecipare.

E i compagni di esilio lo additano come nemico. Ogni miraggio è caduto. La passione politica, l'ira dalla quale anch'egli era scosso, la dolce speranza di rivedere il bel San Giovanni, sono ormai lontane dalla sua anima.

Dante è solo. Povero e solo. I fiorentini, siano Bianchi o Neri, Guelfi o Ghibellini, sono libidinosi di delitti. Tutti maledetti.

Non c'è che da allontanarsi dalla Toscana, da quella gente, diventare un pellegrino, battere alle altrui porte.

70

XII

– *Povero e solo. Ha trentanove anni.*
– *Necessità di un luogo dove poter studiare, meditare, scrivere.*
– *Gli Scaligeri di Verona si guadagnano la gloria ospitando Dante.*
– *Nella corte degli Scala si aggirano i più liberi talenti d'Europa; vi si discute di tutto, i festini sfavillano, ma si è anche pronti alla guerra.*
– *Esempio del Cane che d'un tratto corre a Vicenza e travolge i padovani che erano per impadronirsene.*

Che fare? dove andare? quale via prendere?

Una svolta, una decisione fondamentale. Cupe tristezze, deserto. Povero e solo, odiato dagli stessi compagni; la famiglia a Firenze affidata a Gemma Donati, disperato immaginare su i suoi bambini.

La sua fantasia – uguale alle enormi ali di Lucifero – piomba sul passato, il presente, il futuro, su tutto ciò che trasfigurerà e farà eterno.

Oggi è odiato e sconfitto. Chi lo accoglierà, chi sorriderà a lui? Pochi giorni prima l'umiliazione di non poter recarsi neppure in Casentino, ai funerali di Romena, l'unico amico rimasto.

Facendosi umile, promettendo – con la malleveria del fratello di passaggio ad Arezzo – riesce a contrarre un piccolo prestito, un gruzzolo appena sufficiente. I viaggi sono lunghi, pesanti, fastidiosi; l'estate per i poveri ha la compagnia di mosche e tafani.

Dante ha trentanove anni. Dietro di sé una grande esperienza. In Comune è stato alle prese con uomini di ogni specie; si dimostrò sottile nelle ambascerie. Coi comizi ha valutato la potenza del suo parlare, tutti infiammava, lui stesso diventava più sicuro. Come poeta è quasi celebre. Già accade che tra l'uno e l'altro atto legale, i notari trascrivano i suoi versi; con accuratezza sulla cartapecora disegnano le parole delle sue canzoni.

Anche Cino, Guinizzelli, Cavalcanti, hanno considerazione, ma lui ha parlato più alto e schietto, con più ardore, le fanciulle sanno a memoria i suoi versi d'amore, se ne cibano, versi nella lingua di tutti, che suona per le strade.

Dante nell'agosto 1304 – in quell'estate afosa di delitti; l'ultimo è stato l'avvelenare il buon domenicano, papa Benedetto XI – Dante sceglie la via.

Non vedrà mai più Firenze, la città più bella del mondo.

In questi ultimi mesi, faticando tra foreste, fangosi sentieri, polverose viacce, mentre l'attività politica stagnava e i compagni d'esilio reiteravano le eterne recriminazioni, i torvi propositi, le vendette ormai quasi stantie, egli così spesso col pensiero tornava su i propri studi, con nostalgia riviveva le ore passate a meditare; con smarrimento avvertiva le lacune del suo sapere. In se stesso raccolto – già alieno a quei compagni – nasceva acuta la voglia di approfondire la filosofia, costruirsi un proprio ordine; mettere a fuoco la religione, chiarire i rapporti tra Chiesa e Stato, cosa in assolutezza è il Papa e cosa l'Imperatore. E diventare padrone dell'astronomia, essere per lo meno a paro con l'almanacco di Profacio ebreo, con riverenza avvicinarsi all'astronomo arabo, ad Alfergano, ai suoi *Elementi di astronomia*. Come può uno che nella *Vita Nova* ha promesso di fare un'opera mai stata nel mondo, non avere confidenza con gli astri, non muoversi tranquillo per le vie del cielo?

Necessario anche toccare con più accortezza le radici del volgare, per il quale tutti, anche gli umili, lo intenderanno. Necessario venire davvero a tu per tu con i provenzali, con Giraldo de Bernelh, cantore della rettitudine, con Arnaldo Daniello. Il gran punto già chiaro è che i provenzali non cantarono solo d'amore, discussero anche di guerra, erano avvinti da passioni civili, da quelle morali.

Affinare ogni strumento, essere il signore di tutta la cultura del proprio tempo.

Finora Dante ha accumulato fatti; con che avidità ascoltò le storie passate della sua città, gli episodi. Mentre i vecchi parlavano vedeva i volti, le espressioni, i gesti, scaturivano le frasi.

E poi lui stesso fu attore a Firenze, un capo, divorato dalla politica, dedito, partecipe alle ire, alle vendette, alla libidine delle fazioni, all'esasperato sogno dei Bianchi – eredi di Giano della Bella – di mettere giù nella melma la superbia dei Magnati.

E intanto non trascurava le belle donne, se ne innamorava, peccava di lussuria; batteva spesse volte di notte le taverne.

Ma quando, quando si era davvero potuto dedicare alla serena meditazione?

Un'opera, la grande opera, nasce se si è tutto per lei. Tanti sono i fatti che ingombrano la fantasia; si tratta di disporli, filtrarli, innalzarli in architettura, tramutare in canto, dalla materia luce.

Adesso, se vorrà attuare, è necessaria la serenità, che qualcuno lo agevoli nei bisogni, offra l'indispensabile. E che ci siano i libri, molti gliene mancano; vuoti nella sua dottrina. L'imperativo è non lasciarsi chiudere dalle mura del paese, non offuscarsi, non brancolare come i suoi compagni di esilio. Finire ristretto è come prendere la scabbia e grattarsi con ferocia invece di pulirsene. Il bel colpo è essere internazionali, udire ogni soffio, la rosa dei venti.

E Verona è il nido, la dolce speranza. Dante già l'ha conosciuta per quella volta che ci arrivò prima della battaglia di Pulicciano, a chiedere aiuto di fanti e cavalli.

La corte degli Scaligeri è magnifica per liberalità; quanto differente dall'odio fiorentino che sbatte da finestra a finestra per ogni via.

Qui una sola famiglia a comandare, i nobili uniti. Letizia per le strade, il popolo allegro per il buon governo e per le feste; orgoglioso anche dell'onore militare degli Scaligeri.

Nella Corte ci sono biblioteche. E si possono fare i più svariati incontri: insieme vivono inglesi e francesi, fiamminghi e tedeschi. Vi sono accolti i profughi politici Ghibellini, gli esiliati Bianchi, e uomini dotti di tutto il mondo, gli spiriti irrequieti e bizzarri.

Ma non solo, negli Scala c'è anche un che di eroico, di temerario. Una Corte che ospita le nuove anime del Rinascimento e conserva la violenza religiosa – rosario e pugnale – del Medioevo.

Quando questa seconda volta Dante arriva a Verona il Cane è già nella prima asprezza della gioventù, avido si aggirava per i saloni, tutto desiderando conoscere. Presto sarà lui il capo della Casata e Vicario imperiale e allora lumeggeranno le prove del suo ardire. Anzi ci piace premetterne una.

Un giorno era alle nozze di suo nipote Franceschino con la figlia di Luchino Visconti. Si svolgeva il banchetto. Le fragranti vivande gareggiavano in colori con le sete e i broccati di dame e gentiluomini. Correvano i servitori, smorfiavano i pagliacci. Lungo l'immensa tavola eran sedute le più diverse figure, suonavano le differenti favelle.

Si affacciò al salone un cavaliere polveroso e sudato, corse verso il Cane, non vedendo altro che lui. Gli arrivò sul muso e gli annunciò che i padovani stavano aggredendo Vicenza.

Il Cane si alza da tavola, afferra le armi. Di colpo raduna cento soldati.

Furiosamente frustano i cavalli. Una sola volta il Cane si ferma, a un casolare. Domanda alla vecchia un bicchier d'acqua: si sofferma per una preghiera.

Piombano tutti e cento su Vicenza, che è per soccombere. I padovani, già superbi della vittoria, vengono trucidati.

E a Verona – gloria agli Scaligeri – Dante fu accolto, alla bella Corte. E delicatezza di quei signori! Non aspettano che chieda, indovinano ciò che abbisogna. Tutto è agevole: lo studio, le dotte discussioni, il meditare, gli svaghi, i tornei.

C'è anche un fiume a Verona, che un poco assomiglia all'Arno. E pur tuttavia dei giorni, all'improvviso, la nostalgia di Firenze, degli amici e nemici, è così forte che di per se stessi si alzano i versi, la mano deve solo registrarli sulla carta.

Nelle giornate che tutto dentro gli si infuria, nascono episodi dell'Inferno, si scatena il canto.

XIII

– *Nostalgia per il popolo di Firenze; la corte di Verona poco
  nutrisce.*
– *Dante è ospite di Cino, il tenero amico esiliato a Bologna.*
– *Insieme ricordano.*

Non di continuo si può stare nell'albergo del padrone. Le
giornate sono lunghe; triste ogni ora constatare la dipen-
denza.

Sia il capo di Verona Bartolomeo o Alboino o il Gran
Cane, il padrone è sempre il padrone, più o meno generoso.

Le notti ancora più lunghe dei giorni per un grande poeta.

Al castello ci sono conviti, conversazioni spesso accalo-
rate; arriva un forestiero con le novità. C'è l'annuncio del
nuovo libro, dalla Provenza; da quanto si aspettava! Scherzi
con le castellane, belle donne che ardono, segregate; ansimano di confidarsi con il poeta.

Nel castello ore di studio; intorno alla camera concessa,
silenzio; liberi da meschine necessità, da tutte le pene. Qui
facile l'applicazione sulle carte.

Un castello, a Corte, tra i grandi, i privilegiati; lontana
la plebe.

Ma le radici di un poeta sono nel popolo; è di lì, dalla
infinita varietà di sofferenze e gioie, dalla libera fantasia, che
trae il nutrimento per i suoi pensieri, per la sua creazione.

Per Dante la linfa è Firenze, tutto quello che è successo,
gli amici e i nemici.

La vera gioia, la fiamma, il sorriso che si strappa dalle
labbra è per Dante incontrare uno del suo paese, che sa

tutto, sia pure dell'opposta fazione, ma che tutto sa, conosce ogni viso, ogni strada, i muri sudati, dove si svolse quella vicenda, dove si riunirono i congiurati, la facciata di quella chiesa, il Palazzo, dove ogni storia ebbe nido.

Che è di fronte a questo Bartolomeo? Alboino? il Gran Cane? che cosa il benessere? i muri che proteggono dall'inverno, dai raggi estivi, da ogni penuria?

Diversivi, ai quali costringe l'infamia del proprio tempo, la propria sventura.

Dopo che le elementari necessità di un esiliato sono state soddisfatte, dopo che ha pagato l'ospitalità con la sua grazia, dopo che di lena riprese il lavoro, riaccese i diversi filoni incominciati: i canti della *Commedia*, le *Canzoni morali*, il *Convivio*, la *Monarchia*, il *De Vulgari Eloquentia*, che cosa attende un poeta, cosa gli aleggia intorno alla testa?

Eternamente la solitudine. Ma qui a Verona ora non c'è più l'antidoto della politica, l'azione, amore e odio, amici e nemici, non alle viste l'ombra del provocatore Corso Donati, non il pullulare delle famiglie fiorentine raccolte a tener caldo il reciproco rancore, non la ridda, la mischia, non i primi sentori delle grandi lotte sociali, precursore Giano della Bella.

A Verona bella vita, adatta anche per il lavoro, ma non per il nutrimento poetico. Come possibile accendere i sentimenti quando esiste un unico applauso per un unico casato?

Non si può; non è possibile. A lungo non può stare un poeta sotto l'ombra dello stesso palazzo, anche se il signore di continuo lo sorprende in generosità, indovina prima che lui lo esprima quale è il suo bisogno.

Appena soddisfatte, si dimenticano le necessità; e neppure si ha molta gratitudine. La ricchezza quasi sempre si possiede per fortuna, non per virtù; è raro che l'autentico valore produca dovizie.

Dante a Verona è stato nobilmente accolto, sieno rese grazie alla Casa che nello stemma ha l'uccello con le ali stese.

Ma il fuoco del secolo è là, Firenze, i Bianchi e i Neri, Guelfi e Ghibellini, Giotto e Cimabue, il nuovo stile della sincerità. Tutto il resto è fuoco fatuo, compreso l'Imperatore tedesco sempre ad annunciarsi e mai a essere vero.

Come può Dante, lì a Verona, appagare la sua voglia? E allora, che direzione prendere? da chi andare?

Un tenero amico vive a Bologna; come lui poeta, sofferente d'amore per una Selvaggia. È simile a lui anche per l'esilio, per l'esser lontano, e per di più sono uniti dallo stesso sogno politico, quello dell'Imperatore, che scenda in Italia e spenga ogni rabbia, tronchi le guerriglie, faccia degli staterelli una sola patria, sia l'unica e massima fonte di giustizia e di pace.

L'amico è Cino da Pistoia, notabile di questa città. È stato scacciato dalle sue mura non dai Neri come Dante, dall'opposto colore, da quelli dello stesso partito del poeta fiorentino, dai Bianchi, che in questo caso pistoiese si sono mostrati feroci quanto e più dei Neri.

Cino si è rifugiato a Bologna perché è notaro, studioso di legge, e questa città è centro di ogni novità culturale, faro di intelligenze, il famoso Accursio impera all'Università.

Cino è in discrete condizioni economiche e scrive a Dante, insiste che venga, l'aspetta, sarà suo ospite. A Bologna potrà lavorare quanto e meglio che a Verona.

Dante riverisce il suo signore, chiede congedo, parte per l'Emilia.

Bologna d'inverno è nel dominio del gelo. Livide le sue strade, il rosso delle case una disperata maschera, sangue raggrumato.

A Verona il signore proteggeva il cortigiano, sotto il suo tetto era morbida condizione. Qui ogni giorno, ogni ora, Dante è invece spronato alla sua realtà, a fare la somma, segnare il risultato della sua vita.

A Bologna – legge che domina tutto il mondo, alla quale tutti si piegano – un uomo è stimato, riverito per il censo, le vesti, la pomposità, l'albagia, la sua reale importanza politica.

Poco tempo prima, proprio lì a Bologna, arrivavano le canzoni di Dante ed erano lette, cantate, il suo nome celebrato, le donne sussurravano i versi d'amore, sognavano di conoscerlo; quando capitò nella città ci furono battimani.

Oggi ha le vesti consunte, la giallina pelle della miseria, spirata nel volto la bellezza, e per di più gli gravita intorno il sospetto che anche per frode sia in esilio. Nessuno gli sorride, nessuno lo accoglie. Il suo orgoglio riceve i colpi più dolorosi.

Tanto più gradita la festosa accoglienza dell'amico, la continua cordialità e confidenza. E spesso si trovano a passare le ore in un particolare studio, che lì, in esilio – privi di ogni attività politica – non soffre di alcuna distrazione.

Infatti nelle ore di veglia, di intima comunione, Dante e Cino, rievocano le persone che conobbero, amici e nemici, di Pistoia e Firenze. Dante ha conosciuto e avuto da fare con pistoiesi, Cino ben sa dei celebri personaggi fiorentini.

Basta un accostamento, uno sfiorare di immagini, perché un altro nome tra loro si immetta. Come adesso è tutto chiaro! e i nemici – per l'esilio l'odio è divenuto terso – si distinguono perfetti, in trasparenza, tanto meglio degli amici per i quali permane la bambagia della tenerezza.

A volte di per sé, senza alcuno stimolo, si presenta davanti a loro Guido Cavalcanti e i due amici rimangono a guardarlo in silenzio. Per lui nasce il proposito, la voglia di fermarlo nelle carte, cantarlo, non esaurirlo in una conversazione, con parole che fuggono. Far sì invece che quelli che verranno sappiano la sua gentilezza, lo sdegno aristocratico, l'ardire contro i prepotenti, e come così spesso era avvolto dalla mestizia, smarrito nella solitudine, dedito tutto alla poesia.

Cavalcanti di per sé sparisce, e:

« Ricordi Baschiera della Tosa? »

« Il figlio di Bindo? »

Si snocciolano i suoi peccati, i casi che li dimostrano, le qualità; il parente Rosso che l'ha defraudato, ha carpito ciò che gli spettava; la sua figura fisica, quella sua strana forza che poi in sostanza si riduceva a poco, diventava addirittura negativa per l'irriflessione, per un cieco impulso, quasi da sospettare che dentro di lui covasse una torbida paura.

Ritorna di Baschiera il grave episodio di Lastra.

« Si poteva quella volta » mormora Dante « vincere finalmente, rientrare a Firenze, rivedere in volto i Neri, impiccarli all'angolo delle loro case. E invece per il bambinesco orgasmo del Baschiera, la smania di essere il solo vincitore, entrare in città prima degli altri, lui il bravo – e poi alla prima fossa naufragare – ci portò tutti alla rovina, alla più stupida delle sconfitte. »

In queste ore di veglia appare bella la storia, ciò che è stato, splendida visione nel silenzio notturno dell'abitazione bolognese, mentre fuori l'inverno penetra nei muri.

« E Pazzino dei Pazzi? Chissà come inghiotte saliva e superbia mentre passa la porta del Palazzo! »

« Per denaro dette al nemico la fortezza. »

« So che ha avuto altri figli. »

« Ancora? Ormai sarà a dieci. »

« Il delitto si aggira per Firenze. Pazzino è affamato di ricchezze, ha troppa brama di spadroneggiare in mezzo alle riverenze. Finirà ammazzato. »

Intanto, mentre pullulano i nomi, mentre folti sono i commenti e si controlla il peso della bilancia, Dante rivede Firenze, la tale strada, un angolo, quel muro di cinta, Santo Spirito all'ora del tramonto, il San Giovanni che trasforma la geometria in pura bellezza.

Crudele nostalgia, città ineguagliabile, sola nel mondo, padrona del suo cuore.

Cino ascolta il suo grande amico. Sa quale ingiustizia contro lui si commette perché è testimone come nasce la sua poesia.

Dante si mette a narrare un episodio fiorentino, antico o recente, e lo descrive nei fitti particolari, nel perché di ogni piega, perfino sembra che lui conosca il colore degli occhi dei personaggi, e poi, tutta questa selva di notizie, si tramuta, si condensa in pochi versi, in endecasillabi che volano, nei quali tutto in poche parole è detto, ogni perché si indovina, parlanti i fatti e le persone, e si assiste al miracolo della nuova lingua, del *volgare*, che per mezzo di Dante tutto può esprimere e cantare.

XIV

— I Malaspina, marchesi di Lunigiana, erano amici e ammiratori di Dante e lo invitano al castello di Fosdinovo; vorrebbero che risolvesse una incancrenita quistione col loro vicino, il vescovo di Luni.
— Dante parte da Bologna e arriva in Val di Magra.
— Affascina i rappresentanti delle due parti.
— 6 ottobre 1306. Quale data! Di questo giorno sappiamo di Dante ogni passo. Fu bello quando nella sala episcopale il vecchio vescovo dai candidi capelli si alzò dalla sedia e andò fraternamente incontro al poeta.

Un filo d'argento è la Magra, che scorre tra le ghiaie. Ai lati, per tutta la valle, si alzano alte, selvose, le montagne. Serpeggia ella, garrula fino al mare, alla Punta Bianca. Lì – vicino alla foce – è il suo momento più bello: dilata la vena, e nello stesso momento la pianura si allarga, si popola di messi, danza, si cangia al sole in ogni sorta di verde.

Nel Due e Trecento i padroni della valle percorsa dal fiume Magra, coloro che taglieggiavano i contadini e piombavano su i viaggiatori trovatisi a passare per quel luogo, erano due: la chiesa di Luni e i marchesi Malaspina.

È facile immaginare che tra i due molto spesso soffiava un'astiosa ira.

I marchesi Malaspina – quelli del ramo secco e quelli del fiorino – avevano i castelli appollaiati sulla cima dei colli lungo la Val di Magra; di lì spiavano, pronti ad aggredire ed anche difendersi.

Il vescovo di Luni aveva un castello sul colle di Castelnuovo, che è proprio sopra la foce della Magra; dalle balze si scorge il mare che si arricciola oppure è tutto celeste. Il vescovo si era fatto lassù costruire non per timore di stare al basso – essendo la religione, la chiesa, in quel tempo da tutti venerate, poco pensabile una diretta aggressione – ma perché Luni era gravida di miasmi, preda della malaria, come ben conobbe Cavalcanti, l'amico di Dante, che lì in esilio fu colpito dalle febbri e ne morì.

Sulla fine del Duecento vescovo di Luni era Enrico da Fucecchio, uomo ardito, fierissimo dei diritti della sua chiesa, per nulla arrendevole di fronte a quei Malaspina, pronto a rispondere ferro al ferro. I contrasti erano di tutti i giorni, per ogni sorta di quistioni, dispute di confine, arroganza dei rispettivi soldati, spettanza delle prede. E a dimostrare che non solo a Firenze ma quelli erano i tempi, valga quella volta dei tre ambasciatori dei Malaspina, dei tre famigli, mandati al vescovo, a Enrico da Fucecchio, per mitigare una certa impresa che era finita troppo aspra, per tentar di sbollire la rabbia del vescovo.

Si presentarono i tre dipendenti dei Malaspina a Enrico da Fucecchio, e questi non li stette a sentire. Ordinò che a tutti e tre fosse staccata la testa.

Fortunatamente ad Enrico da Fucecchio successe un uomo dolcissimo, Alberto dei Camilla, un vecchio che per umiltà ricordava Gesù, e quante volte aveva proclamato che erano nidi di vermi le ricchezze terrene.

Inoltre, proprio lì, nella Val di Magra, ci si era stancati di rapine, omicidii, dover sempre sospettare agguati, mai abbandonarsi alle gioie della vita. E intanto echeggiava per tutta la valle la santità del nuovo vescovo.

Franceschino Malaspina tentò di approfittare di quella evenienza per stabilire una pace duratura. Il suo castello era sul picco di Fosdinovo, in linea d'aria pochi chilometri da quello del vescovo, a Castelnuovo. Poiché più stretto vicinante, più frequenti le occasioni di litigio.

Tra i Malaspina correva il nome di Dante, se ne citavano i versi; specie Moroello, il fratello di Franceschino, era con l'Alighieri legato di amicizia. Non era facile nel Trecento incontrare un uomo che conoscesse la musica, fosse egregio nel disegno, padrone del latino, profondo in astrologia e teologia, rimatore d'amore, prosatore in sapienti trattati, e non solo, ma che fosse anche pratico di pubblici affari, sottile diplomatico, esperto della procedura, paziente nel condurre le quistioni.

Dante non era soltanto un poeta agli occhi dei contemporanei, era anche un politico, abituato a discutere con i potenti.

Nel Medioevo anche i signori, i cavalieri, ben poco erano dotti, la loro bravura la mettevano nella caccia, il valore nella guerra. Dante fu invitato da Franceschino a condurre le trattative di pace.

Un esiliato accetta quel che gli capita e in questo caso con piacere perché i Malaspina sono famosi per generosità, onore; e sarà bello inginocchiarsi davanti a quel venerabile sacerdote, il vescovo Alberto dei Camilla.

Dante arriva a Fosdinovo. Il castello è su un picco, intorno scoscese montagne. Rari gli abitanti e tutti stretti al castello. Dalle vicine selve si ode durante il giorno uno svariato pigolìo di uccelli; schiere di colombe ruotano in volo da un punto all'altro del denso verde. Più precisamente di notte il cuculo familiarmente conversa, con intimità, chiama a un tu per tu; a volte d'improvviso si alzano nel cielo gli armoniosi impeti di un usignolo.

Laggiù, al di là del fiume, in mezzo alla pianura – spettacolo finale delle gloriose vicende umane, delle superbe pompe – c'è Luni, l'antica Luni, un accumulo pietoso di detriti, rosicchiati sassi sparsi per ogni dove; l'anfiteatro una selva di moncherini.

Cominciano le trattative. Davanti a Dante c'è il fratello del vescovo, Prinzivalle dei Camilla; ma innanzitutto c'è un frate, un frate dei Minori, che si chiama proprio Malaspina ed è stato lui segretamente a stimolare, a dar l'avvio all'incontro per seppellire le funeste discordie tra la sua famiglia e il vescovo di Luni.

Dante è sorridente e maestro. Il pomo della discordia è questo: il vescovo e i marchesi vantano gli stessi diritti su certi punti della Val di Magra e innanzitutto – quistione che raduna tutte le frecce – sul castello di Bolano e quello di Brina.

I rappresentanti del vescovo ascoltano Dante che ogni giorno di più li affascina con la dottrina, l'eloquenza, e innanzitutto per l'appassionato amore della giustizia, questa la sua vera mira, la profonda ricerca.

Il frate Guglielmo Malaspina ha anche avvertito nei suoi accenti la profonda devozione alla Chiesa e quanto ardore egli ha perfino per il Gran Manto, per chi lo riveste, per il Pontefice; che però sia degno della cattedra di San Pietro.

Guidati da Dante, presto l'accordo è raggiunto; non rimane che la cerimonia ufficiale, la firma nella sala episcopale. Si avvicina cioè la data del *6 Ottobre 1306*, così bella per noi perché con certezza sappiamo i passi battuti quel giorno da Dante.

Gli atti si svolgono tutti nella prima mattina. Non c'era la luce elettrica, le tenebre e il fumo delle lucerne erano pesanti e così si andava a letto presto. Alla nuova luce del sole tutti in piedi.

Dante, calato da Fosdinovo, con la sua Corte, la schiera a fargli corona, avanti la prima Messa è in piazza della Calcandola a Sarzana. Il notaro Giovanni di Parente da Stupio l'aspettava, gli doveva mettere in mano la procura di Franceschino Malaspina, il documento che gli permetteva di trattare per i marchesi.

Insieme al notaro si diressero a Castelnuovo. I cavalli soffiavano dalle narici. Salendo, a ogni giro di balza, il mare si faceva più ampio, appariva tutta la foce della Magra, il dilatarsi della pianura. La meraviglia era contemplare dall'alto il mare celeste che tremolava per le infinite ondicciole.

Si arrivò all'ingresso della grande piazza davanti al castello. Le bandiere, gli stendardi, le insegne, si muovevano per il fresco maestrale.

Mentre si scandivano i passi attraverso la piazza, per arrivare alla porta maggiore del castello, Dante, contornato dai suoi, tutti vestiti in nobiltà, fu invaso da una svettante gioia, in quegli attimi scomparso l'esilio, in quegli istanti tutto dimenticato, felicità procedere in quel bellissimo paesaggio che per sfondo aveva il mare, procedere tra le insegne, presentarsi alla Chiesa come colui che ha per emblema la giustizia, e la brandisce, la offre, mondo da ogni turpe proposito.

Il vescovo Alberto dei Camilla, i capelli bianchi, lo sguardo senza peccato, l'aspettava nella sala episcopale, seduto sulla sedia vescovile. Intorno, in abiti solenni, i dipendenti della Curia lunese, il fratello Prinzivalle e il frate Guglielmo Malaspina, che tanto aveva contribuito a quell'accordo.

Dante fu all'ingresso del salone e si disponeva ad avanzare verso il canuto sacerdote, inginocchiarsi davanti a lui, quando il vescovo si alzò dalla sedia, da solo andò incontro a Dante, con tenerezza aprì le braccia, poi prese il viso di Dante, si avvicinò alle sue guance e disse:

« Ti do il bacio della pace. »

Dante anche lui abbracciava il vecchio vescovo, rispondendo con parole di fratellanza.

Sapeva il vecchio vescovo, il vescovo santo, aveva indovinato chi era davanti a lui? La sua purezza lo aveva avvertito che di fronte aveva un'anima grande?

In quello stesso giorno – *6 Ottobre 1306* – il notaro Giovanni di Parente da Stupio, stende l'Atto della pace tra i Malaspina e il vescovo di Luni, Atto che si conserva nell'archivio notarile di Sarzana e che appunto suole essere chiamato *il documento sarzanese*.

XV

*– Ancora un'altra Corte; adesso Dante soggiorna nel verde e
silenzioso Casentino, dai conti Guidi.*
*– Ma che felici incontri in quei castelli di Poppi, di Porciano,
di Pratovecchio! Ci si può intrattenere con la figlia del conte
Ugolino, la figlia di Buonconte da Montefeltro, la figlia di
Paolo Malatesta (l'amante di Francesca), la figlia di Federico II
cioè la sorella di Manfredi. Dante può parlare con intimità,
interrogare donne legate alle storie più intense della Commedia.*

Che teneri commenti, quali profondi sospiri, che intime con-
fidenze! Come parlaste, o belle castellane! Raccontaste a un
poeta le storie che poi diventarono le più belle del mondo.
Il Casentino è per voi ancora benedetto, in nessun posto
l'erba così riluce.

La valle dondola di rilevatezze, di piccoli colli, è un rimando di strofe. Lontane si ergono torno-torno le montagne,
nel largo abbraccio.

Da Firenze si arriva nel Casentino per il passo della Con-
suma. La grande conca ai tempi di Dante era in dominio
dei conti Guidi. I loro castelli erano posti sulle dolci rilevatezze del terreno, in vista uno dell'altro: il castello di
Porciano, il castello di Pratovecchio, il castello di Poppi.

Le contessine, le ragazze in allegria giovanile, nelle mat-
tine di cielo limpido dalle alte torri tra loro si salutavano
agitando nastri e fazzoletti.

Dante era in vaga parentela con gli Elisei, che erano amici
dei Guidi, e questo forse favorì l'invito da parte dei signori
del Casentino; ma il fatto sostanziale è che ormai Dante è

conosciuto per le doti che possiede in ogni campo e chi è potente – e dunque alle prese con affari e quistioni – è ben lieto di averlo vicino.

Entrare nelle case dei conti Guidi per Dante ha del patetico; quando da ragazzo ha sentito parlare del vecchio conte Guido – dal quale poi discesero tutti – e di sua moglie, la Gualdrana, rimasta buona e semplice anche se in sì alta posizione. I tempi di Guido Novello, il podestà di Firenze, di Guido Guerra, vicario in Toscana di Carlo d'Angiò, erano quelli della serenità, dell'ordine, degli onesti costumi. Firenze non era ancora stata toccata della febbre industriale, dal vortichio di affari, dalla sete di commerci, non ancora invasa dalla folla forestiera, avida e corrotta.

Quante volte Dante aveva da ragazzo sentito dai vecchi parenti ricordare con nostalgia i conti Guidi. E adesso arrivava alle loro case, in Casentino, dove ancora regnava il silenzio, la valle di un verde intenso, colline e montagne dense di foreste che di notte mugghiavano per il vento; e con facilità veniva in mente che laggiù tra gli alberi più fitti, sul nudo sasso, pochi anni prima aveva dormito San Francesco e lì, alla Verna, sulle sue palme erano fiorite le stigmate.

Dante rimane dai Guidi parecchi anni. Le ore nella valle scorrono lente, le castellane uguali a prigioniere condannate alle gravidanze, al ricamo. Quanti sogni repressi; una ossessione ogni giorno contemplare dalle finestre lo stesso paesaggio. Che sospiro l'arrivo di un poeta, che conosce il disegno, la musica, che ha scritto canzoni d'amore.

A Poppi, in uno dei castelli, c'è la figlia del conte Ugolino; si è sposata con Guido di Battifolle.

Per tutta l'Italia era corsa la storia di suo padre, un signore condannato a morire di fame, lui che era riverito, indossava sete, la spada con l'elsa preziosa, servitori pronti al suo cenno, e condannato alla pena del povero, del miserabile, a morire di fame. Nei castelli, tra i signori, se ne era tanto parlato e a tratti sorgeva paurosa e segreta la domanda:

"E anch'io dunque? anch'io potrei come il più povero

degli uomini, costretto a gridare pietà, implorare un sorso, le briciole di un pane?

"Essere rinchiuso in una prigione dalle pareti così spesse che la voce non travalica, invano urlare, il filo di luce dell'alta feritoia tutto ciò che proviene dal mondo?"

E si alzava anche il brivido dell'ultima domanda: "E se ciò avvenisse di nuovo con i figli, i nipoti, ragazzi ignari di tutto?".

Non importava più quello che il conte Ugolino era stato, se umano podestà o tiranno di Pisa, se mediocre o valoroso comandante alla Meloria. Erano i giovanetti, i figli, i nipoti, che serravano i cuori.

La figlia del conte Ugolino è lì a Poppi, in uno dei castelli dei Guidi. Dante ha occasione di incontrarla, intrattenerla, è un cortigiano, un ospite che riceve incarichi di segretario, rappresentanza, protocollo. A lungo parla con la Gherardesca, la figlia del conte, e spia nei suoi lineamenti l'ombra del padre, indovina nella sua luce l'ingenuità di Uguccione e il Brigata, i suoi fratelli. Gherardesca narra i particolari della loro vita intima, come erano tra loro in casa, gli anni che il padre dominava Pisa e i pisani, e le ore di quei giorni, durante la prigionia, le lunghe ore, il sospetto che giganteggia, il sussurrio per la città, i servi che l'uno all'altro confidano la pena decretata, la fame. Infine lo scoppio crudele della verità.

Il castello di Poppi assomiglia al palazzo della Signoria a Firenze, è una sua copia rusticana; del resto è stato lo stesso Arnolfo di Cambio a rimaneggiarlo, a dargli veste in armonia con la campagna. Dalle sue finestre si vede l'Arno ai primi passi, fantolino, limpido, le rive fresche di sorgente; avrà tempo a bere veleno e odio passando da Firenze, attraversando Pisa.

C'è un'altra figlia poco discosto, in un altro castello dei Guidi; è andata sposa a Salvatico Guidi di Dovadola. Si chiama Manentessa, suo padre era Buonconte da Montefeltro, valoroso guerriero, capo degli aretini alla battaglia di Campaldino.

Dante lo vide avanzare tra le insegne alla testa delle schiere nemiche. Campaldino è lì, vicino a Poppi, pochi chilometri da Pratovecchio, una piana di poca vastità. Sulla destra e sulla sinistra si alzano brevi colline, e da una di queste venne giù Corso Donati con i suoi uomini, risolvendo la battaglia.

Gli aretini titubarono sorpresi, si scompigliarono, furono travolti. Ci fu la fuga, lo sgomento. Le luci della sera assistettero alla ferocia su quei vinti.

Buonconte era stato ferito nella gola; e nessuno seppe più nulla di lui, del suo corpo, la sua spada, i suoi colori. Tutto si dissolse, sparì. Dove la figura del valoroso capo? dove seppellito? dove aveva trovato pace?

Dante è protetto dalle stelle; nel Casentino incontra e parla con chi è strettamente legato alle storie più belle. Manentessa è figlia di Buonconte, però lei poco si infiamma per il padre, è distratta alle domande di Dante, vanesia, civetta; occupata da altre cure.

Dante è tenero, pietoso, anche feroce come un soldato sul campo; e sempre colpisce nel centro la realtà. Di fronte alla smemoratezza della figlia come non vedere Buonconte solitario, sanguinante nella gola, rimasto solo, senza nessuno vicino mentre è sulla soglia della morte? non contemplarlo mentre da se stesso provvede a incrociarsi le braccia sul petto, mormorando il nome di colei che tutti salva?

In un castello dei Guidi la Gherardesca, figlia del conte Ugolino; in un altro castello Manentessa, figlia di Buonconte da Montefeltro.

E un'altra donna c'è nel Casentino, anch'essa imparentata stretta con i Guidi. È la nuora di Aghinolfo.

Il suo nome è tale che appena lo si pronuncia si incendia la fantasia.

È la figlia di Paolo, Paolo Malatesta. Suo padre fu l'amante di Francesca. Sorpresi dal fratello e marito; ed uccisi.

Questa vicenda correva per le contrade; nei castelli la si narrava con l'accento della passione, si sussurravano i precisi particolari, gli intimi, l'ora della sorpresa, in quale stanza, le spie, la spada che si insanguina, la nessuna difesa.

I signori conoscono i rispettivi segreti familiari e c'è tempo nei castelli a meditarli: d'inverno intorno ai grandi camini che ogni tanto franano le grosse braci, d'estate nei lunghissimi tramonti mentre la nostalgia di una vita diversa si mescola al profumo della campagna.

Dante accumula tutte le notizie; spesso chi narra è dello stesso sangue, lo stampo della famiglia.

E c'è un'altra donna in Casentino, forse la più bella, la più affascinante. Ancora sembra muoversi per quella valle. Abitò il castello di Poppi, si affacciò a quelle finestre.

È la figlia di un re cortese, protettore della scienza e dell'arte, lui stesso poeta, la sua Corte fastosa come quelle di Oriente. È la figlia di Federico II; andò sposa a uno dei Guidi.

Figlia di Federico II, e quindi sorella di Manfredi.

Qui si fa d'oro la fantasia di Dante, con che avidità ascolta ciò che si tramanda, com'erano le fattezze, i gesti, le maniere, gli episodi tanto su di lei che sul fratello.

Manfredi sarà l'unico nella *Commedia* a essere descritto nei lineamenti, espressa la sua bellezza; i capelli biondi come da giovane Dante, quando giocava sulle rive dell'Arno.

XVI

– Nelle bettole si leggono episodi dell'Inferno.
– Intanto nel Casentino Dante si innamora come un giovinetto la prima volta. Con qualcuno deve pure sfogarsi! E scrive della sua bella al vecchio amico Moroello, in Lunigiana.

A dame e cavalieri Dante leggeva in Casentino, nei castelli Guidi, i canti della *Commedia*. Inviava poi i versi agli Scaligeri di Verona, coi quali era rimasto in amicizia; li mandava a Moroello in Lunigiana; prendeva occasione di qualcuno che di lì passava diretto a Pistoia per spedirli al caro Cino.

In quegli anni i suoi versi furono amati, rubati, letti, ripetuti, mandati a memoria, odiati, chiesti in imprestito, in fretta ricopiati; sempre più passarono di mano in mano fino ad arrivare al mare del popolo, a coloro che con *il volgare* esprimevano se stessi.

Quando in una bettola di Lucca qualcuno ad alta voce si metteva a leggere i versi su Martin Bottaio, il magistrato, l'Anziano del Comune che da poco era morto e adesso – ascoltando – lo vedevano all'inferno sopra la spalla di un diavolo come un sacco di frumento, il silenzio incombeva, non si sentiva vibrare una mosca.

Il diavolo saltava di scoglio in scoglio e, arrivato sul ponte che strapiomba, afferrava per i piedi Martin Bottaio e lo scagliava giù, lo fiocinava nel lago nero che c'era sotto, fatto di pece bollente.

Mentre lo scaraventava in quella pegola, il diavolo gli gridava dietro parole che rabbrividivano ma anche amareggiavano. Giuste parole, i magistrati di Lucca – la verità! – pronti a frodare, a mutar parere appena uno gli infilava nelle tasche delle monete d'oro.

Però era doloroso sentir nell'inferno rimbombare il nome di Lucca con epiteti così dispregiativi, come davvero tutti vi fossero ladri, traditori, gente venduta.

Quei popolani consideravano la loro città gentile ed ospitale, bella di chiese e torri. Per loro le parole di Dante erano profondamente ingiuste.

Intanto il Bottaio che era affondato nella pece, con cautela ora riaffiora il capino con l'espressione di: "Povero me! Dove mi trovo? Chi mi aiuterà?".

Quelli della bettola adesso seguivano con pietà il Bottaio, temevano per lui, un concittadino, fino a pochi giorni prima lo si incontrava per le stradine di Lucca.

I diavoli subito lo arraffano, sibilando altri sarcasmi su luoghi e immagini tanto cari a chi è nato nella città del Volto Santo.

Però, questi della bettola quando invece leggevano i versi sul conte Ugolino, dopo aver seguito trepidanti ogni atto del padre e degli innocenti figli e nipoti, quando infine si arrivava all'invettiva su Pisa, come allora la bettola si capovolgeva, diventava zeppa di soddisfatti sghignazzamenti!

« Giusta, giustissima punizione! » I lucchesi vedevano la Capraia e la Gorgona che lente si avvicinano alla foce dell'Arno e lo strozzano. Le acque salgono su-su; arrivano alla gola di ogni pisano che inutilmente starnazza le braccine nel tentativo di salvarsi. Tutti, a uno a uno, i pisani dovranno finire affogati.

Dante toccava del proprio tempo i temi che scottano, persone che avevano suscitato violenti sentimenti, che erano state al centro delle vicende. Ed è da ricordare che nel Trecento nell'inferno ci si credeva; i diavoli esseri vivi, con la coda, le corna, la pelle sulfurea, essi stessi espressione della giustizia divina.

Era tale l'interesse che suscitavano i versi di Dante, in tal modo il popolo si compenetrava in loro che quasi ci si dimenticava di chi li aveva scritti, chi aveva creato tutto ciò, come fossero una voce che viene dall'alto, qualche cosa di solenne e invincibile quale il vento che si leva, una tempesta, un sereno tramonto.

Così succedeva anche per la rima che non appariva un artificio, una ricercata assonanza ma un incastro sorto insieme al fatto narrato, della stessa carne.

Il Casentino fu per Dante un'oasi, un'aiuola felice. La sua amata città è a pochi chilometri, gli arriva l'accento del puro *volgare*, le colline che intorno ondeggiano ricordano quelle che contornano Firenze e c'è l'Arno, ancora fanciullo, non intinto di veleno, al quale pare di poter confidare un saluto per la propria città, un messaggio per i propri concittadini. Dante è poco distante e pur tuttavia i Neri non possono né impiccarlo né bruciare vivo.

Intanto i suoi versi battono per ogni dove le ali, così sono trascritti e mandati a memoria che la gran folla di loro si salverà attraverso le rovine del tempo, saranno tramandati fino a noi.

In questi anni del Casentino esplode il suo genio; il gioco del destino costringe la poesia a farsi più grande. Felicità per Dante completare, dirigere verso il porto le proprie opere, in versi e in prosa, in volgare e in latino.

Per la vita privata gli necessita pazienza, sopportazione. Lì nei castelli dei Guidi lui è una mescolanza di segretario, diplomatico, indovino, compilatore di lettere ufficiali, uomo dotto a disposizione. In certi giorni è quasi con la livrea del cortigiano, anche se intorno al suo nome aleggia la fama.

Ci sono fortunatamente i viaggi, gli incarichi, le visite a questo o quest'altro principe, missioni da svolgere. È un'occasione per interrompere la monotonia del paesaggio, dar tregua al lavoro, riposarsi, conoscere altre vicende italiane, delle quali è sempre assetato; e di nuovo incontrare vecchi amici.

Di recente in una città del settentrione ha rivisto Moroello Malaspina, anche lui lì come diplomatico, consigliere. È un uomo eccellente per gli affari di stato, famoso per la spada.

Dal tempo della Val di Magra non si erano più visti; di nuovo è successo tra loro la stessa amichevole confidenza, l'antico abbandono, il riversare uno nell'altro ogni segreto.

Dante ha confessato all'amico i suoi fermi propositi, nei

suoi ultimi anni vuol dedicarsi tutto alla scienza, all'astronomia, alla teologia, insomma al sapere, alla virtù, alle sue opere. Troppo tempo perdette dietro gli amori, la bellezza femminile.

Moroello ascolta con un sorriso, scoppietta di scetticismo, a un certo punto esplode di ilarità e richiama all'amico certi suoi trascorsi, certe sue descrizioni di intime bellezze e di quanto ne era soggiogato; a volte due e tre donne insieme, e a seconda delle ore della giornata ognuna di queste era considerata regina.

« Ti conosco. Non ci credo. Hai sempre gli occhi accesi. Impossibile tu sia di colpo cambiato. Mai visto il lupo diventare agnello. »

Dante si mantiene severo, ribadisce affettuosamente, è sicuro, ormai è libero da Afrodite, della quale riconosce di essere stato servitore.

« Se tu bene conoscessi la voluttà del pane degli angeli, del sapere, la bellezza di indagare sugli umani misteri, la santità della poesia, mi crederesti. Sarò fedele ai miei propositi. »

Poi una mattina i due amici si salutano, si abbracciano, riprendono le loro strade. Dante è di nuovo in Casentino e l'alba lo trova in compagnia di San Tommaso, di Sant'Agostino, di Platone, con quei problemi di teologia, di filosofia, che tormentavano le anime di quel secolo.

E invece un giorno il fanciullo con la faretra che da tempo era appostato per una beffarda burla a quell'altero, a quel superbo, un giorno Amore scocca il dardo, glielo aggiusta bene dentro il cuore, glielo sprofonda.

Dante si trova innamorato come da giovinetto la prima volta. Allora sì che le selve lo vedono solitario e d'improvviso fermarsi a parlare come davanti avesse una creatura. Nei suoi occhi lumeggia un ardore, l'espressione del viso di chi è tutto intento a una visione. Ora l'alba lo trova sveglio non sulle carte, non in compagnia dei suoi autori, ma stranito da quella immagine alla quale parla, in lei si incanta, eccolo che ne ascolta la voce, il trillo di un riso, e le sue mani timidamente brancolano verso quella figura. Si è dimenticato dell'età, dei travagli politici, dell'esilio, della stessa Firenze, del suo lavoro. Non si stanca di rappresentarsi la prima volta che gli apparì, l'alone che aveva intorno, il colore dell'iride, un tipo di donna sempre bramato di incontrare, che attendeva sin da quando ebbe la ragione. Momento divino fu quando alla sua dichiarazione ci fu quel sospiro, di acconsentimento e pudore.

Quanto in quegli istanti fu bello parlare in *volgare*, la lingua della *Commedia*!

Dante ha una gran voglia di discorrere con qualcuno di questa sua donna, dire tutto, diffondersi, narrare ogni particolare, anche la sorpresa di quella volta, quel giorno che camminava lungo una selva e le piante si aprirono in una radura.

Lei – avvolta da una lunga tunica rosa – era in mezzo al prato splendente di verde e raccoglieva dei fiori. Attraverso la radura correva un ruscello così limpido che ogni sassolino del fondo era netto uno dall'altro.

Fu lei a rivolgergli la parola, cantava la sua voce, una musica che raggiungeva il cuore.

Dante mai era stato avvinto da tale leggiadria. E ora vorrebbe dire a qualcuno queste immagini, confidarle. Ma con chi, lì nel Casentino? Non ha a disposizione neppure una persona, veramente intima.

Gli appare allora il volto di Moroello, il vecchio amico gli sorride di laggiù, dalla Lunigiana, sembra invitarlo a confessarsi. Scriverà a lui, lui lo comprenderà. La lettera, ad essere sinceri, dovrebbe cominciare:

"Avevi ragione. *Avevi ragione*. Macché scienza e filosofia. Ho preso una cotta, e come bella!"

Dante narra all'amico tutta la vicenda e aggiunge:

"Ti unisco questa poesia, così leggerai anche in versi il grado del mio travaglio. E se poi la poesia, insieme a questa lettera, non bastassero a darti la misura di come sono ridotto, allora ecco qua:

"Sai come amavo Firenze e mi consumavo per ritornarci. Ebbene, se i fiorentini oggi mi richiamassero, mi invocassero pentiti, risponderei:

" 'No e no. Dal Casentino non mi muovo, da lei non mi allontano. Lei è qui e io le sto vicino. Da dove lei respira non mi posso allontanare.' "

"O la Gemma, poverina!" qualcuno dirà. "Non era la moglie? con quattro figli da badare, tra' cui una fanciulla, l'Antonia?"

Sì, sì, è vero. Dante avrebbe dovuto pensare anche a moglie e figli. Immettiamoci però nel Medioevo, nel suo tempo, per comprendere il più bello e misterioso poeta che sia esistito.

Li accoppiavano – come ho già ricordato – a dodici anni, poco più di bambini; stendevano tanto di contratto. Un padre si metteva d'accordo con l'altro, si discuteva sulla dote, si firmava. Appena raggiunta l'età pattuita – di solito intorno ai diciotto anni – si piacessero o no, magari innamorati perdutamente di un'altra persona, li portavano in chiesa ed erano marito e moglie.

I figli di Dante nacquero uno dopo l'altro, nel periodo della passione politica, mentre era tutto occupato a difendere la libertà del Comune. Il matrimonio era una pratica burocratica, un contratto e naturalmente l'amore continuava a scoppiare per conto suo.

La vita corre, per un grande poeta è un cavallo furioso, che sanguina per gli speroni nei fianchi. Dante delirava di bellezza e di gloria, e del resto nella *Commedia* – dove ha detto tutto di sé e del suo tempo – può anche darsi che con pudore, in segreto, per interposta persona, qualche parola l'abbia spesa anche per la sua Gemma quando nel Purgatorio fa ricordare a Forese, il compagnone delle bisbocce, con profonda tenerezza la sua delle mogli, la Nella.

XVII

– *Dante raggranella una sommetta e va a Parigi.*
– *Qui gli arriva la stupenda notizia: l'Imperatore Arrigo VII, il tedesco, è per scendere in Italia; la rinverdirà di pace.*
– *Si avvererà la sua profezia? il Veltro? il salvatore?*
– *Dante rientra in patria e scrive una lettera ai potenti d'Italia. Si è riaccesa in lui l'antica fiamma.*

Dante è a Parigi, allo Studio; Firenze sempre più lontana, la speranza si è dileguata, gli anni di vedovanza si accrescono. Anche il linguaggio fiorentino che prima era così scoccante ha diminuito la frusta, inavvertitamente nel suo lessico si insinuano parole di diverso conio, nate in altre regioni, quasi a dimostrare l'ineluttabilità delle circostanze.

Dante è venuto a Parigi per una ragione vitale, per il suo Paradiso, per la terza Cantica. Anch'essa deve avere la stessa misura delle altre due, ma cosa sostituire al paesaggio dell'Inferno e del Purgatorio? che cosa al posto dei caratteri umani, alla grande fantasia e diversità dei peccati? che sostituire alle figure?

Nel Paradiso un popolo di luci, fiamme di santi, differenti solo per intensità. E allora? Come arrivare ai trentatré canti? con quale materia comporre i tantissimi versi?

Lo si può fare soltanto con i problemi di filosofia con le quistioni di teologia, che tanto nel Medioevo appassionavano. Dante userà la Scolastica, ricalcherà quella prosa latina, seguirà innanzitutto San Tommaso. Il Paradiso, con felici parentesi, sarà mistico, dottrinale, intessuto di teoremi, nei cieli una catena di ragionamenti.

La scienza era in quel tempo sinonimo di poesia, e Dante nel Paradiso discuterà anche di quella.

Parigi aveva uno Studio, una Università celebrata. Dante abbandona il Casentino e arriva a Parigi per documentarsi, affinarsi, aggiornarsi, paragonare le sue credenze e conoscenze con quel che lì si dice.

La Senna lo vede passare meditando; gli universitari parigini si accorgono quanto quell'esule fiorentino è avido di sapere, di far chiaro, è rapido ad afferrare e insieme rapirsi.

Sono già passati giorni e giorni. Firenze, sei come stella lontana.

Mentre è lì, ospite di un popolo straniero, arriva la notizia folgorante, che risobbolle tutto, inaspettata, epperò appena conosciuta gli appare logica, normalissima.

L'imperatore fatto di fresco, quell'Arrigo lassù, il tedesco proclamato da poco Imperatore dei Romani – e con lui c'è il Papa, il Pontefice che approva e benedice – l'imperatore Arrigo annuncia che scenderà in Italia – il Veltro – e non esisteranno più Guelfi, Ghibellini, Bianchi, Neri, e tutte le altre divisioni; in ogni paese, in ogni valle porterà la pace. Lui è la suprema autorità, mandato da Dio, al di sopra di odii, fazioni, maledizioni, è il capo di tutti, e tutti gli devono ubbidienza. Volerà sopra l'Italia come colomba; e se mai sarà l'aquila che becca i ribelli.

Dante a Parigi appena legge il proclama, ridiventa fiorentino come quando nei comizi infiammava gli ascoltatori, il primo pensiero è ritornare, portare il suo aiuto, contribuire con le sue forze. Fu lui il profeta, lo predisse nel *Convivio*, lo cantò nella *Commedia*, la sua visione si fa carne: dove il sangue, brillerà l'ulivo; dove la serpe, tuberà la colomba. Lui profetò e cantò, che sarebbe arrivato il salvatore a rifare dell'Italia un giardino.

Firenze di nuovo gli risplende davanti. Presto camminerà per le sue strade? toccherà i sassi delle case? si inginocchierà in San Giovanni?

Intanto arrivano altre notizie. L'Imperatore ha mandato suoi messaggeri, delle avanscolte, in diverse regioni dell'Italia settentrionale, ambasciatori che sono stati accolti con grandiose feste. In certi paesi addirittura, senza attendere i messaggeri dell'Imperatore, appena saputo del proclama, uomini e donne hanno abbandonato il lavoro e si sono aggruppati, formato una processione, le croci in mano, e si è raggiunto il paese vicino. Lì si è gridato alla pace, che è sorta l'ora della concordia, da quel giorno gli uomini tutti fratelli.

È accaduto che irreducibili nemici andassero uno verso l'altro e guardarsi, abbracciarsi, l'odio caduto.

Tutto questo improvviso sorgere di speranza e bontà ha ben una ragione. Gli italiani erano stanchi e stanchissimi di esili, di agguati, di odio, di sangue, e vogliono vivere, respirare, non temere le ombre della sera, non più vigilare durante la notte.

Tutti sono stanchi di lutti che da anni e anni infittiscono, si allargano, avanzano per i percorsi più intricati. All'annuncio dell'Imperatore scoppia la speranza che possa accadere, che la pace possa ritornare. Siamo nel Medioevo, l'Imperatore è l'inviato da Dio, e del resto il Papa, il Pontefice, è insieme a lui, ha dichiarato che lo benedice e lo incoronerà in San Pietro.

Dante come a Campaldino entra in battaglia, investe tutto sé nell'impresa di Arrigo. Gli altri non si accorgono quale vicino hanno, che le sue parole saranno per i secoli ripetute, lo considerano uno dei tanti esiliati che ansimano di ritornare in patria.

Dante invece ha tale consapevolezza di sé che parla da profeta, uno che da tutti è con reverenza ascoltato, atteso il suo verbo. Scrive una lettera a tutti i potenti d'Italia invitandoli a inchinarsi all'Imperatore, ai suoi ordini di pace. Si rivolge a loro affettuosamente, quasi con benevolenza, come colui che già predisse l'arrivo, che conosce il futuro, i voleri della divinità.

In fretta è arrivato nel Casentino. Si tratta di stimolare tutti alla lotta – con le lettere e con la presenza – tutti coloro che conosce e lo stimano, dai conti Guidi a Can Grande della Scala.

Le donne del Casentino, le castellane, hanno la fortuna di udire un Dante appassionato come lo fu ai tempi politici, ma ora anziano, ultima sua fiamma l'Impero, la pace universale. Lui quasi vecchio ha la forza di ripropugnare i suoi sogni giovanili.

In forma chiara ed esemplificativa Dante avverte come sarà bello Arrigo, l'Imperatore superiore a tutti, l'unico, i faziosi tutti piccini, i sanguinari paralizzati.

Dante è al colmo del fervore, è arrivato perfino a interrompere il grande lavoro della *Commedia* per dedicarsi alla venuta di Arrigo. Corre a Milano, arriva a Forlì, bazzica Arezzo, non trascura i guelfi incerti e i pronti ghibellini.

In quanto a lui stesso, lui come scrittore, decide un lavoro, una dimostrazione assoluta, un'opera che zittirà tutti e innanzitutto quei legulei napoletani che stanno propagandando non essere vero che l'Imperatore è di tutti il capo, inviato dal Signore, che il Papa non dovrebbe affatto incoronarlo. Decide di scrivere la *Monarchia* e si mette subito al lavoro, la penna gli corre ardita, tante volte sognò quel tema, ne conosce ogni particolare. Anzi, ora che è anziano, illustra l'argomento col giusto equilibrio: uguale l'altezza dell'intelletto a quella della passionalità.

XVIII

— Nelle prime città toccate dall'Imperatore fiorisce la concordia.
— Succederà anche con i fiorentini?
— I Neri di Firenze per la politica hanno la testa chiara.

Intanto però passano i giorni, i mesi, e Arrigo rimane lassù, tra le fredde nebbie. Non si muove, non scende. Ma perché? cosa aspetta? che teme? Perché non batte il ferro caldo?

Dante scalpita; la *Monarchia* è quasi in porto. Arrigo non si vede. Partono nuove lettere che invocano il suo nome e la sua venuta. Si inviano altri ambasciatori e messaggeri.

La grande notizia arriva. Arrigo è in Savoia. È partito. Sia benedetto il suo nome.

Entra ad Asti, siamo nel novembre 1310.

Ad Asti sono a riceverlo, a fargli corona, i più bei nomi delle famiglie italiane, i Malaspina, gli Uberti, gli Scaligeri. Esiliati di ogni città e colore gli si inginocchiano.

Dante freme alle belle notizie. Arriverà Arrigo a Firenze? entrerà nelle sue mura?

Dove l'Imperatore passa fiorisce la pace. Casale, Vercelli, Novara, Magenta, si inchinano a lui, giurano fedeltà; ogni astio tra l'una e l'altra città e tra gli stessi cittadini si dissolve, svanisce. Le plebi impazziscono di felicità, lo guardano come il Redentore. Quanto erano stanchi gli italiani di odii, di congiure, di stiletti insanguinati!

Arrivano altre notizie strepitose. A Milano Matteo Visconti odiava l'arcivescovo e questi di gran cuore lo ricambiava.

Arrigo VII mette il campo a pochi chilometri dalla città e li chiama tutti e due.

I due nemici si incontrano davanti all'Imperatore. L'un l'altro si stendono le mani e si trovano abbracciati.

L'Imperatore, Arrigo VII, sta compiendo miracoli. Sì, ma giungerà a Firenze? entrerà nelle sue mura?

I milanesi vengono a sapere che Arrigo, alla testa dei suoi soldati, si avvicina alla città. Tutti insieme escono dalle mura. La marea del popolo corre verso di lui agitando bandiere, gridando il suo nome.

Arrigo imperatore e sua moglie, la regina, Margherita di Brabante, prendono alloggio in casa dell'arcivescovo. Sotto le finestre il popolo invoca.

Il giorno dopo Arrigo VII invita i milanesi in Sant'Ambrogio, dove è stato eretto un palco. L'Imperatore vuole che gli umili assistano, prendano esempio dai grandi.

Sul palco salgono due incancreniti nemici: Andrea della Torre e lo stesso Matteo Visconti. Tutti e due sono contornati dalla propria schiera.

La riconciliazione non sarà solo dei capi, anche i seguaci si dichiareranno fratelli.

Succederà anche a Firenze?

Il parlamento di Milano giura solennemente fedeltà all'Imperatore. In Sant'Ambrogio l'arcivescovo lo incorona re d'Italia.

A queste notizie come possibile che Dante non si emozioni? Tutto quello che la sua mente aveva sfolgorato si fa carne.

Si presentano a giurar fedeltà i cremonesi, i capitani di Lodi, i rappresentanti di altre città lombarde; si affacciano anche i veneziani.

Arrivano perfino quelli di Genova, però questi sono cauti, più spettatori che sudditi.

I fiorentini no, non abboccarono, non ci cascarono. Solo loro ebbero fin dall'inizio la testa chiara, la mente politica.

Ma davvero si trattava di restituire ai Bianchi e ai Ghibellini le loro robe, case e poderi? ridare anche il lustro del governo? Ma nemmeno parlarne, nemmeno in sogno!

I Neri di Firenze erano ormai tutt'uno con il popolo, comuni gli interessi, unico organismo. Ridare agli sconfitti esiliati sostanze e onori? Ma nemmeno un baggiano l'avrebbe fatto!

Sì, anche a Firenze serpeggiava quella arietta melliflua della fratellanza universale, delle dolci lacrime, ma di fronte agli interessi l'aria sarebbe tornata tersa. La convenienza dei fiorentini era che nessun tedesco la venisse a far da padrone in Comune, anche se ingualdrappato da imperatore. Le Arti erano in floridezza, fitte le commissioni, il lavoro, e commerciavano per ogni dove. E allora che voleva questo alemanno? intricarsi nei loro affari? dettar legge? tramutare in vincitore chi era stato sconfitto?

Questo per Firenze dentro le mura. Ma anche per fuori i Neri ebbero la testa fina, consapevole delle lotte e contrasti del loro tempo, la testa moderna che giudica con precisione la realtà.

Per l'estero, per la politica fuor dai confini, avevano due belle carte in mano da far valere eccome contro l'imperatore Arrigo: avevano il Papa e il Re di Napoli.

Il Papa aveva convenienza a innalzare Arrigo, a incensarlo, incoronarlo, ma solo fino a crearne un antagonista al Re di Francia, il quale non rispettava più l'autorità della Chiesa; il Papa aveva interesse a glorificare Arrigo solo fino a crearsene uno scudo contro quel Filippo il Bello, insofferente del papato.

Se Arrigo sorpassava quel limite, se diventava popolare, l'uomo della provvidenza, il salvatore, osannato dalle genti, colui che tutto dispone, allora no, basta. Il Sommo Padre era lui, Clemente V, al suo *Manto Bianco*, tutti, umili e potenti, si dovevano inginocchiare.

I fiorentini, che stavano con gli occhi aperti, appena giudicarono che Arrigo aveva oltrepassato quel limite, subito mandarono lettere e loro uomini al Pontefice per spiegare, se davvero ce n'era bisogno, per chiarire: loro non avevano intenzione di sottostare a quell'invadente tedesco ed erano i fedelissimi del Papa.

Per Roberto d'Angiò, re di Napoli, il gioco era ancora più facile. Ma davvero che un tale re, ricco e potente, della gloriosa casa angioina, aveva voglia di inginocchiarsi davanti a quell'imperatore che sbandierava un drappo medioevale assai sbrindellato e comandava un branco di straccioni travestiti da soldati? Sì, era vero, su al nord quell'Arrigo tedesco aveva avuto dei successi, era stato acclamato, ma erano stati umori di plebe, ventate di illusioni, uomini stanchi di guerre, richiesta di un riposo, di una tregua, per il troppo odio e il troppo sangue. Tutto però sarebbe ritornato come prima: i problemi, i contrasti, le lotte, si sarebbero di nuovo presentati, di nuovo si sarebbe alzata la loro fiamma. Così sono fatti gli uomini, in tal modo avanza – con dolore – la storia, e nessuno la può arrestare.

I fiorentini anche al Re di Napoli mandarono i loro uomini a illuminarlo nella politica e a dichiarargli che stesse fiducioso: loro erano suoi amici, anzi alleati.

XIX

– *Pisa è la fedelissima ghibellina.*
– *Su al Nord dei Vicari imperiali sono messi alla berlina.*
– *Dante a Pisa: settembre 1312.*
– *Mesto scacco dell'esercito di Arrigo davanti a Firenze; l'Arno provvide.*
– *Dante accarezza la testa di un bambino.*
– *A Buonconvento, presso Siena, muore l'Imperatore.*
– *Sua ingenuità. Tino da Camaino lo scolpisce che sembra sogni.*

Sono i Neri che guidano e Dante l'ha capito. Loro i serpenti che tentano di soffocare l'Imperatore.

È Firenze la sua nemica. Questa volta per Dante la lotta è disperata. E Arrigo si gingilla lassù, nel nord, indugia tra le città settentrionali invece di scendere al cuore, al centro della trama, a Firenze.

Adesso c'è stato l'incidente di Cremona, che inaspettatamente si è ribellata, un pruno da togliere. Poi, maledettamente, altri quattro mesi persi all'assedio di Brescia.

Dante corre su per invogliare l'Imperatore alla Toscana; porta alla regina Margherita lettere di omaggio di dame del Casentino. Dentro di sé è in furore, giudica che ogni ora che passa le male passioni riprendono fiato, i Neri di Firenze guadagnano lena.

Finalmente eccolo, viene, arriva. L'Imperatore è a Pisa. Siamo nell'aprile 1312; da quando ci fu il primo annuncio della discesa in Italia ne è passato del tempo.

Pisa ghibellina sarà per l'Imperatore la città che rimarrà sempre fedele, in ogni circostanza, in vita e dopo morte. Anzi, ormai corre voce per l'Italia che se Pisa ride vuol dire che le fortune di Arrigo sono alte, se Pisa è scura l'Imperatore ha il terreno difettoso, la sua stella è nelle nebbie.

Da Pisa Arrigo – come propugnano Dante e gli altri esiliati – potrebbe dirigersi al vero nemico, a Firenze. Invece no. Se ne sta due mesi in trastullo, poi si avvia a Roma per essere incoronato dal Pontefice. Roma però è per metà occupata. E da chi? Naturalmente da Giovanni d'Angiò, dal fratello del Re di Napoli, colui che i fiorentini profetizzarono potenziale nemico.

La zona occupata è proprio quella dove dovrebbe avvenire l'incoronazione, quella di San Pietro.

Così il nostro Arrigo è costretto a contentarsi; sarà incoronato alla periferia, in San Giovanni in Laterano.

Mentre le campane di alcune chiese di Roma chiamano a raccolta i popolani, nello stesso tempo arrivano altri rintocchi, di lassù, dal Nord.

Città che con tanto incenso ed osanna lo avevano accolto, a una a una si ribellano, mettono alla berlina i suoi Vicari, *i Vicari imperiali*. Pavia e Cremona le prime, altre di Lombardia, del Piemonte.

Siamo vicini al settembre del 1312. Dante da diverso tempo si è trasferito a Pisa, che è una specie di quartier generale di tutti gli esiliati.

Ed ecco Arrigo VII, l'Imperatore, si dirige verso Firenze. Finalmente!

Il 19 settembre Arrigo mette il campo a San Salvi. A poche centinaia di metri c'è la città.

I fiorentini sono tutti uniti, vogliono salvare la libertà del Comune, le loro fabbriche, l'artigianato, i commerci: nella loro città ha corso una moneta nuova, modernissima, quella del lavoro.

Che situazione per Dante! Si trova alleato con lo straniero che con le sue idee paralizzerebbe la vitale virulenza di Firenze.

I soldati di Arrigo mettono l'assedio. Macché soldati! Sono degli straccioni, l'indisciplina è la loro regola, sventrano i pollai, scannano il bestiame, disturbano le donne, si approfittano, incendiano i casolari. Nel contado vegeta un cupo odio contro di loro.

È l'Arno a provvedere. Un giorno si gonfia, diventa giallo di limo. Le piogge continuano e lui oltrepassa gli argini, si versa nella campagna, avvolge le piante che incontra, si avvicina alle tende dei soldati.

Per di più da qualche giorno l'Imperatore è steso sul suo lettino da campo, colpito da brividi, aggredito dalla febbre, i sudori lo prostrano. Le acque circondano la sua tenda.

L'Imperatore Arrigo, col volto giallastro, ordina di interrompere l'assedio, tornare a Pisa, la fedelissima.

È una lotta fuggire dalle acque dell'Arno, è necessario raggiungere i guadi rimasti, attraversare il Casentino. E intanto la sua soldataglia, fuggendo, si nutre di rapine, e di ogni altra ignominia.

Arrigo riesce ad arrivare a Pisa. Nonostante questi ultimi trascorsi molti ancora credono in lui, nell'Impero, nel Veltro, nel salvatore, nella pace universale. Arrigo ridarà a tutti gli esiliati una patria.

È l'ultima carta per tanti, anche per Dante, che in più insegue la violenza dei suoi sogni.

Questa volta o mai, vecchiaia e morte incombono. Alcuni – gli occhi orbi – solo per segreta disperazione continuano a sperare in Arrigo.

Dante è segnato nel volto dal lavoro, dalle deluse speranze, dalle tante passioni. Vive a Pisa in attesa, come altri esiliati. I giorni per un profugo sono lunghi ma la povertà e la sofferenza affratellano, la nostalgia suscita una Firenze incantata, quasi un'apparizione, un'immagine sospesa nel cielo.

Forse in tutto ciò che accade agli uomini c'è un profondo e implacabile perché, una indistruggibile ragione. Dante a Pisa si incontra con un bambino.

Tra gli altri esiliati c'era a Pisa un notaro che si chiamava Petracco e aveva affittato – poiché possedeva fuori Firenze e gli era rimasta una certa fortuna – una casetta per sé e i suoi familiari, poche e nude stanze ma che gli permettevano di stare vicino all'Imperatore e insieme aver con sé la famiglia.

Dante aveva preso a frequentare la casa di Petracco, insieme sognavano di riessere presto a Firenze e il notaro avrebbe riaperto il suo studio, Dante di nuovo avrebbe usato ogni acutezza su quel dialetto che poi sarà la lingua italiana.

Ripetutamente entrando in casa di Petracco, Dante mettendosi con lui a conversare, si affacciava un musino – il piccolo figlio del notaro – che lo mirava di sotto in su, avido di attenzione, svelto a rubare e rattenere tutto ciò che vedeva e udiva.

Capitava a Dante di carezzare la testa di quel bambino che si chiamava Francesco, Francesco Petrarca.

Triste è spesso la storia della nostra patria, ma almeno l'allegria di questi incontri la abbiamo! Due sommi poeti. Il nonno col nipotino, lo scambio dell'anello, del talismano della poesia italiana.

Il vecchio Dante, prossimo a morire, disperato della sua ultima illusione, in una grigia stanza di Pisa, carezza la testa del bambino Petrarca.

Quello che i Neri di Firenze avevano preventivato, si attua. Il Re di Napoli ufficialmente dichiara che è contro l'Imperatore, nemico.

Arrigo VII a questa notizia – è sicuro che dalla Germania e dalla Sicilia sono per arrivare gli aiuti promessi – decide di partire contro il Re di Napoli, per punirlo, ridurlo umile suddito, modesto soggetto. E rafforza il suo esercito.

Ecco che il papa Clemente V, appena sa questa notizia – proprio come avevano calcolato i fiorentini – il Papa che aveva incoraggiato, spronato, benedetto e incoronato l'Imperatore, adesso, per questa faccenda di Napoli, si invelenisce e gli minaccia la scomunica.

Arrigo – senza attendere gli aiuti – nel pieno dell'agosto – siamo nel 1313 – con quell'esercito polveroso e punzecchiato dai tafani, si avvia alla guerra, prende la strada per Roma.

Riesce ad arrivare a Siena, la oltrepassa. A Buonconvento si ferma, mette le tende. Dalla sua non uscirà più. Già la notte precedente i brividi e la febbre l'avevano assalito, i sudori stremato. Nel suo volto, dalla pelle tesa e verdastra, rilucono gli occhi. La malaria maligna continua a ondate a invadergli il sangue.

Abbandonato il corpo sul lettino da campo, la sua anima

si specchia nel sogno dell'Impero. La morte lo prende il 24 agosto 1313.

Arrigo era nato modestamente, un piccolo feudatario del Lussemburgo. Il Re di Francia gli passava un sussidio che lui ricambiava con la fedeltà e con il saltuario invio di armati.

Quando succede che lo fanno Imperatore. Gli Elettori si riuniscono ed eleggono proprio lui. Arrigo all'improvviso si trova sacro, sul trono, Imperatore romano. Quella generica disposizione che aveva alle fantasticherie cresce a dismisura, infigge in sé la figura che sognò, colui che stende su tutta la terra il manto della pace.

Arrigo non ha mente per la storia, che crede di interrompere; neppure è capace di intravedere le lotte sociali, il progresso, il cammino della libertà. È un fanciullo, non sa che gli uomini sono ingombri di peccati, brulicanti di malizie, e non avranno mai pace.

La sua commovente ingenuità dura quattro anni. Annunciò la sua discesa l'agosto del 1309. Il 24 agosto del 1313 è disteso sul lettino da campo, immobile. L'estate intorno bolle, le cicale gridano.

Quando i Neri di Firenze sanno della sua morte tripudiano, lo beffeggiano, irridono alla sua tedescheria e al suo occhio storto, infatti Arrigo era strabico.

Pisa invece piange. Gli esiliati perdono l'ultima speranza. Il suo corpo è portato in città, esposto, onorato, si decreta che venga seppellito in Duomo, dove ancor oggi riposa.

Tino da Camaino lo scolpisce, lungo, sopra la bara di marmo; il viso è di uno che serenamente sogna.

XX

– È caduta l'ultima speranza.
– Guido Novello lo invita a Ravenna.
– Com'era Ravenna nel 1313.

Arrigo è morto e con lui le speranze. Dove andare? a chi
chiedere? Di nuovo in Casentino? su a Verona? coi Malaspina davanti alla Magra?

Ancora una volta le stanze altrui, di nuovo essere ospite,
essere al cenno del Signore.

Durante la funebre cerimonia che trasporta Arrigo al duomo di Pisa, dalla lunga fila degli esiliati si alzano sconsolati
pensieri. Moriranno poveri e raminghi. L'ultima illusione
giace in quella bara.

Ore lunghe a Pisa, ore lente, dopo la morte del sognato
Imperatore; l'Arno bagna quelle sponde dopo esser passato
nel veleno di Firenze.

Dante si domanda se esiste un luogo per lui, di sufficiente serenità, una stanzetta con uno scrittoio, una mensa da
francescano, da poter ultimare il suo lavoro.

Per i poeti c'è probabilmente una colomba che vola sopra le loro teste e quando davvero insorge il pericolo, scende a proteggere.

Un certo Guido Novello da Polenta, uno dei tanti signorotti di quell'Italia, padrone di un rettangolo romagnolo che
comprendeva Ravenna, Cervia e Comacchio, e una frotta
di paesucoli sparsi tra queste città, come seppe che Dante
era in quella situazione gli inviò un messo, lo invitò alla sua
Corte, a Ravenna.

Per questo gesto Guido Novello si guadagnò la gloria.

Ancor oggi è citato con riconoscenza il suo nome, colui che consolò gli ultimi anni di Dante.

Ravenna in quell'anno 1313 era un villaggio di poco più di seimila anime dove sospiravano grandi memorie: Teodorico e gli Ostrogoti, il maestro delle leggi Giustiniano, la dolce sovrana Galla Placidia, il barbaro Odoacre che Teodorico scannò insieme ai suoi. Una selva di vicende da quando Onorio trasferì da Milano a Ravenna la capitale dell'Impero romano di Occidente.

Passa il potere di mano in mano, chi ebbe lo scettro anch'egli si trasforma in leggero scheletro, in polvere che per un soffio si disperde.

I bizantini portarono poi la gioia dei colori, oro, gemme, colombe che becchettano in coppe meravigliose, i marmi del Proconneso, tempestano le pareti di intense pietruzze, figure di imperatori, regine, pavoni impettiti, vescovi dal volto emaciato, processioni di bellissime sante.

Dante si aggirò negli ultimi anni della sua vita in questo silenzioso villaggio, quanto diverso dalle contorte picche di Firenze. Le basiliche avevano davanti un quadriportico, vicino frusciavano le chiome di alberi, acacie e cipressi. Era consolante soffermarsi e riposare lasciando che la fantasia si abbandonasse.

Sorrideva a Dante il mausoleo di Galla Placidia; gli alabastri delle finestrelle soffondevano una luce simile al gemito di un'anima felicemente prigioniera; erano frotte di bambine in un prato le tante stelle d'oro nella cupoletta. Su tutti il Buon Pastore con le sue pecorelle invitava alla tranquilla meditazione.

Vivevano anche in Ravenna la chiesa dello Spirito Santo, il Battistero, la Cattedrale, Sant'Apollinare in Classe, San Giovanni Evangelista, la basilica di San Francesco che presto avrebbe rintoccato proprio per lui, per Dante, l'ultimo addio. C'era la tomba di Teodorico premuta da un enorme sasso, da lui stesso predisposto, quasi quel saggio re desiderasse in eterno essere sordo ai vani rumori del mondo. Ma su tutti i monumenti trionfava il San Vitale.

Otto vigorosi pilastri sorreggevano la cupola creando il primo maestoso rimbombo che poi tutto all'intorno si ripercoteva nei presbiteri, transenne, pulvini, amboni, serpeggiava nel ricamo delle esedre; un susseguirsi di echi, di luci, di spazi, mentre le pareti erano tempestate dalle intense pietruzze di Bisanzio a raffigurare i personaggi di quei secoli. Lo scintillio dell'Oriente sorretto e inquadrato dall'architettura romana.

Dall'Arco trionfale lo sguardo mesto del Cristo invitava ogni umano a sopportare questa nostra vita.

Dante lentamente seguiva i grandi movimenti del San Vitale e li paragonava all'innocenza guerriera del suo San Giovanni, dalle linee uguali alla capanna di Betlemme.

Si aggirava Dante fra quelle memorie. Attraversava poi il ponte sul fiume Padenna, arrivava alla Porta Aurea – anch'essa carica di storie scolpite – ed era fuori Ravenna.

Lo accoglievano le ombre della pineta; tra il felpo degli aghi caduti scorrevano placidi canali, trasparenti ruscelli. L'aria era quasi tinta di nero. La Provvidenza aveva stabilito che gli ultimi anni di Dante scorressero in pace, nella smemoratezza di un villaggio dove a ogni passo si rammemorava che le passioni umane sono seppellite dal tempo, tutto si trasforma in un vago mormorio. E solo eccezionali talenti sono capaci di risuscitare ciò che fu.

XXI

- *La sede della Chiesa di Avignone.*
- *Eccolo, anche lui, Clemente V! deve presentarsi all'eterno giudizio.*
- *A Carpentras i cardinali scappano.*
- *Come morì il bel Filippo di Francia.*
- *A Ravenna arrivano le notizie.*

Arrigo morto, il sogno dell'Impero sfumato, il Pontefice può solennemente annunciare che – seggio imperiale vacante – è lui con naturalezza a impugnare i due scettri, lui il Re dei Re, il Signore dei dominanti, lui padrone della carne e dello spirito.

Di conseguenza il 14 marzo 1314 nomina Vicario imperiale e senatore di Roma quel Roberto d'Angiò, re di Napoli, che così obliquo era stato mentre, sognando, scendeva dal nord Arrigo VII imperatore.

E certo a Firenze i Neri sfavillano, i Comuni guelfi con la fronte alta, e però, però sorgono le prime nubi e proprio per quel Roberto re di Napoli che troppo si slarga, troppo spadroneggia, col suo vicariato arriva a toccare con le punte delle dita proprio anche i fiorentini, sfiorare i lucchesi, e perfino tentacola come un molle e viscido polipo le sante tombe di Ravenna, il rifugio di Dante.

Sovrasta la cupa ombra della Francia, Filippo il Bello è sopra la Chiesa, sua serva, a lui inchinandosi Clemente V si insudicia il manto. Quante per Filippo le prostituzioni, gravissima quella di trasferire la sede di Cristo da Roma ad

Avignone; e l'altra dei Templari, l'Ordine che è ricco di fede, di potenza, e anche di oro.

Filippo il Bello – che è tutto amore per la Francia – li vuole morti quei religiosi e con l'aiuto del Papa. Infatti il Gran maestro sarà arso sul rogo insieme ad altri dignitari.

Arrivano a Dante le notizie, ha tempo per meditarle; gocciolano intorno le immagini mentre passeggia, tra il silenzio delle tombe e tra i pini di Ravenna.

Quello stesso Clemente V che vende le indulgenze per indorare il sesso della sua bagascia, non gli è assai la lussuria e la cupidigia; adesso arriva la notizia che ha fatto santo il papa vile, Celestino, quello che fuggì di fronte alla religione che si tramuta in opera. E ce n'è per Clemente dell'altro ancora: per meglio strisciare davanti alla corona di Francia vengono assolti e benedetti quelli che osarono in Anagni – Guglielmo di Nogaret e Sciarra Colonna – scagliarsi sul Pontefice, su Bonifacio VIII – è vero anche lui simoniaco – ma in quel momento nella sua grandezza di papa, rivestito del Gran Manto.

Le notizie arrivano filtrate dalla distanza; gli antichi monumenti di Ravenna invitano a paragonarle all'infinito mormorio del tempo. Ma ci sono notizie che scudisciano l'aria, infuocano il sangue dell'Alighieri.

Muore Clemente V, chiazzato in viso per l'assassinio dei Templari, tappezzato di croste per i diversi vizi. Il 20 aprile 1314 la morte se lo è preso: anche lui deve presentarsi all'eterno giudizio. E giunge un'altra notizia, questa volta beffarda: Filippo il Bello, che tutto era per la Francia, adoperato tutto a crescere la sua nazione, da un cinghiale è ammazzato, da una bestia che lo azzanna, gli struscia le setole sul muso, lo pesta con le zampe ferine.

Lui, il Bello, il bellone, che per tutta la vita cercò sempre di scrollare da sé e dalla Francia il potere della Chiesa, l'antagonista di Bonifacio VIII, l'asservitore di Clemente V, il re che aveva trascinato la sede di Cristo da Roma ad Avignone, è stato ammutolito da un cinghiale, mentre era a caccia, in un bosco; la sua faccia tra le erbe insanguinata.

È bello lì a Ravenna, sotto l'ombrello dei pini, meditare sugli avvenimenti.

A Carpentras sono riuniti in conclave i cardinali per eleggere il nuovo papa ed è uno spettacolo immondo. I cardinali tra loro si passano l'anello della falsità e ipocrisia, della paura e della orba cupidigia. Il tradimento è la legge costante. Tanto sono disprezzati tali sacerdoti, da tutti pesati per quel che sono, che un giorno dei soldati, la spada in mano, entrano nel palazzo del conclave; cercano i cardinali italiani per ucciderli. Chi li manda sospetta che essi non votino come è stato comandato.

I cardinali con l'affanno, pallidi per la vecchiaia e la paura, scappano tirandosi a mezza gamba la tonaca. Riescono a sgattaiolare per una porticina segreta che l'un l'altro già si erano indicata.

Tali notizie arrivano a Ravenna e con tutti i particolari; chi è a muover le fila e perché. C'è ancora qualche cardinale che osa parlare, descrivere quel che succede, e piangere per la Chiesa.

Dante che altro può fare? lui povero, in esilio, ancora costretto a sorridere a un Signore? Che altro può fare che rivolgersi candidamente e con fuoco a quei cardinali, scrivere loro una lettera, ricordare che Roma è vedova, infranta, e la Provvidenza l'ha fatta sede di Cristo? Che aspettano dunque a riportare al nido la casa di Pietro?

Ravenna è lontana, i cardinali chinati a loro voglie. Avranno occhi per la sua lettera? È una lettera però che innanzitutto è rivolta ai fedeli, quelli che si inginocchiano in silenzio davanti all'altare e confidano alla Madonna ciò che tanto amerebbero dire in pubblico, cattolici che vorrebbero salvare la Chiesa, ritornarla monda e celeste e invece sono testimoni che proprio i sacerdoti, i suoi ministri, la affossano, quasi sembra gioiscano a prostituirla, trascinarla nel fango.

Roma è là che piange, la sede destinata da Dio, luce del Lazio, dell'Italia tutta, sua felicità e felicità delle nazioni che la contornano, e di ogni uomo che cammina sulla terra col cuore di cristiano. E allora, che attendono i cardinali? non è rimasto loro un briciolo di onore, una scaglia di dovere?

Quando arrivano le notizie di Carpentras, Dante sta lavorando al Paradiso, dà qualche ritocco al Purgatorio, riflette su certi versi dell'Inferno. Ancora una volta, stimolato, si rinfuoca. La sua lettera non arriverà ai cardinali, ma i fedeli, i puri, se la leggeranno! e troveranno in quella le verità che essi stessi vorrebbero dichiarare, se non fossero minacciati da tanti tradimenti e paure.

Per Dante è tutto chiaro, evidente, l'ha detto e ribadito ultimamente nella *Monarchia*, dimostrato per concatenati sillogismi, secondo le regole della Scolastica. Due sono i fari, due le luci e indipendenti, Imperatore e Pontefice, ambedue investiti dal Signore, che ha dato ordine a tutto il mondo. E Roma, per lo stesso volere, è la sede. Lo ha dimostrato nella *Monarchia*, con palmari esempi, come la storia dell'impero romano.

Tutti e due indipendenti, uno delle cose terrene, e l'altro delle spirituali. Questa la verità e perché i cardinali non ubbidiscono?

Se mai ci potrebbe essere una soavità. Quando tutti e due, Imperatore e Pontefice, si sono instaurati, con le loro leggi, nei territori loro ben definiti, allora sarebbe giusto e umano, che il libero Imperatore avesse una mossa di delicatezza. Di sua volontà, per voluttà del vero, si presentasse al Papa, che lo benedica, sorrida umilmente a lui e si inginocchi. Il Pontefice è della vita eterna, del celeste cielo, tiene il mistero dell'aldilà. L'Imperatore invece rappresenta la dura terra.

XXII

- *Troppo presto i Neri hanno esultato.*
- *Sanguinosa giornata di Montecatini - 29 agosto 1315. Questa volta sono i guelfi ad essere sgozzati.*
- *Smarrimento a Firenze. Si pensa di richiamare in patria gli esiliati, tra i quali Dante.*
- *Dante – conosciute le meschine condizioni per rientrare, lui presentarsi come un mendico – risponde di no.*
- *I fiorentini allora lo condannano di nuovo, al taglio della testa; e questa volta si tingono di infamia per sempre.*

Non si creda perché una idea ha avuto un sussulto, uno strozzamento, si fermi e tanto meno scompaia. Le anime anzi la nutriscono con più fervore, dopo l'occasionale sconfitta.

Credevano i Neri di Firenze, fecero feste, esultarono perché era morto il sognante Arrigo imperatore, ma però non era successo per la loro spada. Erano state le febbri a far addormentare Arrigo.

Se i Neri fossero stati meno sprovveduti non avrebbero fatto luminarie, avrebbero annusato che i ghibellini stavan muovendo due grosse branche: Uguccione della Faggiola e il Gran Cane di Verona.

Il primo stava istruendo le truppe dell'Imperatore morto e radunava il meglio dei ghibellini guerrieri; era crudele, sanguinario, soldato. Il Gran Cane si dimostrava superbo nella politica come già si era dimostrato nei combattimenti sul campo e amava inoltre gli splendori della Corte, era contornato da scintillanti uomini d'ingegno europei, e già aveva il fascino di un principe del Rinascimento.

Infatti per i guelfi calò giù la giornata di Montecatini, la sanguinosa sconfitta del 29 agosto 1315. Ci fu lo scontro tra le opposte fazioni; nelle due schiere vi erano i migliori dei guelfi e ghibellini. Fu una battaglia senza risparmio, vi morì lo stesso figlio del vincitore, di Uguccione della Faggiola. I giovani delle più ragguardevoli famiglie guelfe di Firenze, in quella Val di Nievole, reclinarono il capo come fiori falciati. Una giornata di sangue; all'imbrunire tanti soldati erano fermi nella morte o agonizzanti per le ferite.

Quando arrivò la notizia della disfatta nella città del bel San Giovanni fu come se il cielo si empisse di pipistrelli. E nei giorni seguenti si impose la logica della realtà, la situazione in cui si trovava Firenze.

I guelfi della Toscana ormai deboli. Lassù al nord il Gran Cane dominava la Lombardia e stava estendendo il suo potere ghibellino. Alle porte di Firenze c'era Uguccione della Faggiola. A Napoli, laggiù, il supposto alleato Roberto d'Angiò, non lo era affatto. Era fedele al Pontefice non a loro. E, se mai, tentacolava di ridurre Firenze sotto di sé.

A chi chiedere aiuto? quali provvidenze prendere?

I ghibellini di Firenze, gli esuli sparsi per ogni Signoria, erano dei guerrieri e dei fieri nemici. Si invitino dunque questi esiliati a ritornare in patria, tra le comuni mura, si faccia pace e – dolorosamente – si riconsegnino le loro sostanze. Si verrà a una intesa, un accordo, da nemici si faranno alleati; scemerà il pericolo sopra la città. Del resto anche loro sanno che una completa disfatta del Comune sarebbe una definitiva scomparsa di ogni loro possesso. Si diverrebbe tutti servi di un qualche dominante, del nord o del sud.

I giuristi presero in mano la faccenda e, tra gli altri condannati, estesero l'amnistia ai barattieri; tra i quali era Dante Alighieri, l'attore di questa "sacra vita".

Sul nome di Dante aleggiava a Firenze un sussurrio misterioso, chi lo diceva un gran sapientone, chi lo precisava quale teologo e chi come astronomo, qualcuno lo ricordava solo per i comizi. In realtà – come si è detto – i suoi versi correvano, se li passavano furtivamente; alcuni fiorentini sanno a memoria canti della *Commedia*.

Un nipote di Dante, Niccolò di Foresino, aveva sempre curato gli interessi dello zio in esilio, e ben conosceva quante ne aveva passato la famiglia, la Gemma, e i figli che crescevano e abbisognavano di tutto.

Niccolò, che per scherzoso soprannome era chiamato "il Baccelliere", appena è a conoscenza della possibilità del ritorno scrive allo zio, che faccia presto la domanda, non stia a cincischiare, sarebbe tornato padrone dei suoi beni, dei suoi possedimenti, finita la vita con sulla spalla la croce, poteva ritornare a Firenze, di nuovo riacquistare gallo.

Per avvalorare la sua lettera, renderla più pressante, aggiunge anche la missiva del parroco, del sacerdote che s'era anch'egli sempre adoperato di mitigare le sofferenze della famiglia Alighieri. Il buon sacerdote però non elenca nella lettera le brutte condizioni che impone il Comune perché un esiliato rientri, per il rimbandimento. E non le scrive per tenera astuzia, perché pensa che una volta che Dante ha cominciato ad accettare, fatto il primo passo, detto di sì, chinata la testa, poi, sopporterà anche tutta la cerimonia.

In verità le condizioni perché un esule rientrasse a Firenze erano avvilenti. Lo sbandito si presentava a una delle porte della città ed era ficcato in prigione. Poi una mattina con in mano una candela accesa, la mitria in capo, dal carcere, la testa bassa – tra due ali di cittadini – arrivava fino a San Giovanni, al patrono, al battistero, a chiedere perdono, come dire mia colpa, io indegno, io viziato, misericordia.

In quegli ultimi tempi per verità la cerimonia era stata attenuata, era stato tolto il candelotto e la mitria, bastava andare solo dalla prigione a San Giovanni ma però nella mente dell'esiliato e in chi lo guardava c'era ancora l'immagine di quel candelotto acceso, lui umile e penitente.

Nelle lettere che il prete e il nipote scrivevano a Dante si accennava appena al carcere e alla passeggiata, si sorvolava anche sulla multa da pagare e invece si sottolineavano i benefici, avrebbe rivisto Firenze, sarebbe tornato libero e padrone; che bellezza per la moglie e i figli.

Dante in quel momento sta scrivendo il Paradiso, è al massimo canto, gli vanno incontro Maria, addirittura Cristo, a tu per tu con gli apostoli, i grandi santi Pietro, Giovanni, Iacopo gli domandano su certi termini di religione. Come poteva presentarsi davanti al vicario di un qualsiasi re Roberto, usare tutta una procedura, inginocchiarsi davanti a un tale Ranieri Zaccaria da Orvieto che poteva persino – questo ignotissimo impiegato del Comune – applicare una diversa procedura, prima mandarlo al confino, alla purga, e soltanto in seguito, ben accertata la sua sottomissione, permettere il rientro? Come poteva lui chinare la testa a una tal somma di superbe dabbenaggini, dichiararsi colpevole, accettare l'immaginario candelotto, lui che nell'Inferno aveva sganciato la lama della ghigliottina su tante teste fiorentine? passare a testa bassa per le strade di Firenze lui che aveva avvertito, vaticinato, che quei palazzi che si ergevano intorno sarebbero stati dal piccone della punizione sbriciolati, le torri incenerite in quanto che i fiorentini non avevano ubbidito, non si erano inchinati al nuovo messia, all'imperatore tedesco, ad Arrigo?

Non si può distruggere per una momentanea debolezza tutta una vita, annullare la logica di ogni atto, estinguere la passione per la giustizia, non si può per una commozione paterna gettare alle ortiche la gloria di un poeta, l'intimo della fantasia, l'essenza di un'anima.

Dante rispose chiaro di no. Rispose allo zelante nipote e al cauteloso sacerdote ma metteva in chiaro per i fiorentini, si rivolgeva a tutti:

"Io nella celebrità e voi Neri di Firenze nell'anonima cattiveria. Uguccione della Faggiola a Montecatini ha sgozzato i vostri superbi, reciso i fiori delle più belle famiglie; e coloro che sono riusciti a fuggire sono stati i contadini con le forche a farli morti.

"In queste condizioni in che vi trovate, miei concittadini, vorreste che io battessi alla vostra porta come un nemico, sottostassi al buio di una prigione prima di presentarmi davanti al battistero. Con la candela accesa Dante Alighieri si dovrebbe inginocchiare in San Giovanni non per essere incoronato poeta ma con la faccia del ladro e del traditore.

"Non accadrà, signori fiorentini. E state pur certi che continuerò a meditare, a comporre le mie opere, e sarò anche riverito."

Così rispose il migliore tra noi, e di conseguenza i fiorentini si bagnarono di una nuova maledizione, di nuovo condannarono il più umano poeta, creatore della nostra lingua.

La condanna la stesero quelli del Comune che ancora una

volta gioirono a essere crudeli quali toscani e fiorentini. Quel giorno, 15 novembre del 1315, si infamarono definitivamente. Questa volta non condannarono il politico, la fazione, non furono segugi di una ira di parte, contro chi aveva fatto i comizi. Questa volta colpirono il poeta. Ormai a Firenze si sapeva chi era Dante, il suo canto, la tenerezza, capace di ogni sentimento; i suoi versi erano arrivati, avevano inebriato signori e popolani, e proprio lui, poeta universale e fiorentino, fu condannato: Se gli sbirri lo pigliavano, si doveva staccargli la testa dal collo, nemmeno il più ignobile ladro.

Dante a Ravenna stava scrivendo il Paradiso.

XXIII

- *Il tepore di una casa. La figlia Antonia.*
- *Omaggio del Gran Cane a Dante. La sua Corte rinascimentale.*

Finalmente a Ravenna conobbe il tepore di una casa. A Firenze, a quel tempo, prima dell'esilio, un'abitazione ce l'aveva; Gemma lo aspettava con i figlioletti. Ma era giovane, addosso il furore politico, avvinto dalla fazione, e quanto poco si accorgeva delle pareti domestiche, la sua casa tutta Firenze, la sua scrivania il pulpito dei comizi.

Finalmente Dante a Ravenna conosce la casa; è stato il buon Guido Novello a donargliela, uno dei modi per testimoniare stima e riconoscenza. La famiglia si è potuta riunire; prima è arrivata la moglie, la brava Gemma, i capelli inargentati; ad uno ad uno son sopraggiunti i figli, ormai divenuti uomini. L'apparizione più tenera è stata Antonia, unica figlia, che si muove leggera per le stanze. È stato commovente ritrovare la mattina le carte riassettate dalle sue mani.

Antonia ha nel viso il raggio dell'innocenza epperò vi è segnata una strana riga troppo dura per la sua età, quasi fosse legata a una continua riflessione, a un assillante pensiero.

Presto Antonia si spiegherà col padre, si avvicinerà allo scrittoio per confessare, mormorerà che vuol farsi suora, prendere il velo, entrare nel vicino chiostro di Santo Stefano dell'Oliva.

« Al monastero chiederò che mi diano il nome di Beatrice. »

A questa notizia opposti sentimenti turbinano nel cuore del padre, perdere la figlia appena conquistata e intanto – sta pur scrivendo il Paradiso! – ode la voce degli angioli, il canto col quale essi la accoglieranno.

La casa di Dante è posta in una delle silenziose strade di Ravenna e alla sua porta, specie nelle ore calme del dopopranzo, bussano discretamente discepoli e amici, giovani e vecchi dalla mano tremante.

La sua fama echeggiava, oltre che poeta lo si nominava come teologo, astronomo, filosofo, padrone della retorica; finanche qualcuno lo reputava indovino, capace di fatture, influenzare gli altrui destini. Giugeva alla sua casa chi aveva sete di sapere, fame del pane degli angeli, e certi altri curiosi che sempre esistono. E ci sono gli inviti, i dotti di Mantova lo domandano, Bologna lo reclama. In quel tempo giuristi e governanti, politici e affaristi amano rimare d'amore, si distende per tutta l'Italia la bellezza del volgare, cantare in italiano; ci sono i grandi esempi dei versi della *Commedia*, della *Vita Nova*, delle *Rime*.

Il messaggio più bello gli venne da Verona, dal Cane, dal Gran Cane, il ghibellino che fronteggiava Roberto d'Angiò.

L'invito del Cane fu il più bello. L'aveva conosciuto adolescente al tempo della prima ambasceria, poi già in forza di gioventù, avidi gli occhi; ed ora splende come una rosa. È un guerriero ed è il re dei festini. Sul campo di battaglia è il più imbrattato di sangue, alla sua Corte il più amabile sia tra i dotti che tra le dame: con grazia accenna a che si inizi il torneo. Le sue stanze sono il nido dei più liberi talenti di Europa, dei perseguitati politici di ogni colore e più amati se ghibellini. Le discussioni filosofiche, le dispute di scienza, si alternano alle danze e ai grandiosi banchetti. All'alba si parte per la caccia.

Nella Corte scaligera brilla una nuova luce, la divinazione di un prossimo felice futuro dove l'uomo trionferà, avrà voglia di ridere e inventare più che inginocchiarsi nella preghiera.

È giusto, è fatale che ci sia quell'incontro, che Dante e il Cane si stringano di nuovo la mano. Poi i secoli mostreranno la differenza, il guadagno fu tutto del Cane che se non avesse fatto quell'invito – non avesse convalidato la precedente ospitalità – sarebbe sepolto nell'oblio, nessuno sorriderebbe a quel suo buffo nome da orientale. Di lui ci si ricorda perché dette questa letizia all'Alighieri, lo invitò infine secondo il suo grado, con il rispetto che gli si doveva e certamente continuavano gli equivoci contemporanei, le nascoste invidie degli altri cortigiani, il non misurare la rarità della sua fronte.

Il Cane lo ha invitato anche perché è l'autore della *Monarchia*, lo ha invitato a Verona per confidargli i suoi sogni, per chiedergli del suo futuro, per specchiare il proprio miraggio nella sua fantasia, provare se Dante segue, accresce, fa più robusti i suoi propositi.

Quando Dante arriva a Verona, il Cane ha già dimostrato valore. Nel 1311 ha conquistato Vicenza; all'assedio di Brescia era lui che comandava tutti i soldati delle città lombarde, in sostanza rappresentava Arrigo imperatore. Ha dimostrato sul campo l'audacia, le astuzie, quanto sia anche temporeggiatore; e la sua benevolenza con tutti. Il suo sorriso è di un re. Nel 1312 è vicario imperiale; nel 1314, il 17 settembre, vicino a Vicenza, piega i padovani.

Morto Arrigo, è il Cane a rappresentare l'idea ghibellina, nel suo stemma battono le grandi ali dell'aquila imperiale. E stia attento giù al Sud il napoletano Roberto d'Angiò, l'obliquo guelfo, che presto sarà azzannato.

Passarono insieme lunghe ore; il Cane confidava le sue meditazioni, le speranze di conquista, di gloria, di attuare l'Impero. Dante sosteneva e arricchiva queste confessioni, ancora una volta si immedesimava, investiva quei temi della sua capacità trasfigurativa. Adesso aveva davanti a lui un vero politico, un capo, un guerriero, e come non abbandonarsi, non credere ancora una volta a ciò che in passato si immaginò con tale vivezza?

Nacque tra i due un'amicizia, le ore insieme passate legarono i due uomini e Dante fu sempre grato in quegli ultimi anni di vita al Gran Cane che non solo l'aveva onorato alla sua Corte davanti ai migliori uomini di Europa ma era stato l'amico, l'intimo amico al quale si dicono i segreti pensieri.

Quando scese in Italia Arrigo il tedesco, Dante, appena se fu dall'Imperatore ricevuto, riuscì a scambiare parola. Con il Cane le notti sono passate rapide, mentre nelle altre stanze si suonava, si discuteva, si danzava.

È logico dedicare al Cane il Paradiso, l'opera che sta in

quel tempo completando; è logico appena ritornato a Ravenna scrivere lettere e riceverne.

Il Cane avrebbe voluto trattenerlo a Verona, presso di sé, ma Dante come può? quella Corte è un luogo di feste, non adatta alla meditazione, per il miracolo della poesia che non ammette distrazioni. È pur vero che a Verona si indovina lo splendore di una nuova epoca ma a Dante necessita il silenzio di Ravenna, le passeggiate lungo le strade silenziose di quel villaggio, le pacate conversazioni con gli amici e discepoli. Chi nella sua stanza è visitato da angioli, da cherubini, dai più grandi santi, non può a lungo sostare tra le mura mondane.

XXIV

- *Serate con Guido Novello.*
- *Beatrice.*
- *Corso.*
- *Forese.*
- *Piccarda.*
- *Franceschina, quella del grande amore.*

Qualche volta all'imbrunire bussa a quella porta proprio Guido Novello da Polenta, il Signore di Ravenna. È anch'egli un rimatore d'amore. Viene come poeta, amico, desidera stare un poco a tu per tu con Dante, lontane le cure dello Stato.

Sa bene Guido Polenta che i familiari, gli intimi non vengono mai direttamente tradotti nell'alta poesia. C'è la sostituzione: il cuore del padre grida in Dante nel conte Ugolino, l'amore in Paolo e Francesca. Eppure come non si può, almeno una volta, domandare di Beatrice? chiedere con garbato sorriso della reale esistenza di questa donna? se davvero visse?

Dante, il capo quasi bianco, volentieri risponde, delucida, rende chiaro al Signore di Ravenna che consola i suoi ultimi anni.

Beatrice fu il primo amore, l'avvertimento di quanto per lui era possente la bellezza. Accadde che la fanciulla morì in così fresca età, nello splendore, e il suo ricordo si trasfigurò, la sua immagine si intrise di ogni conquista dello spirito, diventò il segno della virtù, della teologia, della filosofia. Beatrice fu insieme terrena e divina, lei ad accompagnarlo nella via del bene, verso l'unica pace, quella che a Dio congiunge.

Guido Novello ascolta, vive anch'egli in quel tempo, le

case hanno ponti levatoi e così le città, le vendette covano in ogni cuore, i pugnali si bagnano di sangue, trionfa maledetta la solitudine e anch'egli sa, ben sa quanto è soave una donna, quanto sia consolatrice una donna che si trasforma in dea.

Guido Novello è sempre stato in Romagna, in provincia, in quel villaggio carico di memorie ma che non arriva alle settemila anime. Dante invece, fiorentino, oltre essere l'innovatore del volgare, amico di letterati e poeti, è stato al centro della politica, a tu per tu contro Bonifacio, il terribile papa, nella mischia tra Guelfi e Ghibellini, tra Bianchi e Neri.

Naturale che il Polenta domandi com'era il Cavalcanti, se così altero, perché tanto rapida la morte, chieda del giurista Cino pistoiese e quale il fascino di Brunetto Latini. Quando poi si tocca la famiglia Donati il discorso si fa più ampio, con loro Dante si intricò, con l'avversario Corso, Forese compagnone di bagordi, e la sorella Piccarda di rara bellezza.

Dante descrive con oggettività, Corso era bello nella persona, spavaldo in guerra e in politica, sempre avido di piacere e di piaceri, assetato di padronanze. La morte lo imbrattò di fango, trascinato da un cavallo mentre fuggiva dai suoi nemici, pestato dagli zoccoli in un sobborgo di Firenze; e poi un soldato spagnolo gli forò la gola. Il giorno suo più bello fu a Campaldino, alla battaglia; fu lui a tramutare le sorti tra aretini e quelli di Firenze. All'improvviso precipitò giù sul campo, contro ogni disposizione che gli era stata data, dalla collina di fronte. Gli aretini che già sogghignavano per la vittoria si sbalordirono di queste nuove spade, si smarrirono, furono pestati, si empirono di paura, fuggirono. Molti di loro nella notte furono sgozzati tra i campi dai contadini bramosi di impadronirsi delle loro dorate divise.

E Forese? Dante sorride ricordando i tempi della gioventù, ancor prima dei fatali comizi, avanti che la politica lo abbracciasse stretto. Se ne andavano la notte a bisbocciare, mangiavano e tracannavano, cantavano e bazzicavano donne ridanciane. All'alba uno accompagnava l'altro, uno sorreggeva l'altro. Era bello confessarsi all'estremo, narrarsi le più segrete speranze. Nonostante le ore della bettola e della gozzoviglia le fantasie ardevano. Rapidi anni furono, da rimpiangere; poi tanto si lavorò e ancora preme la fine dell'opera.

Quando si avvicinava la festa di San Giovanni i banchetti si infittivano, le *brigate*, i festaioli delle contrade amavano invitare Dante e Forese. Dante era già noto per poesie d'amore. Forese aveva la lingua allegramente forcuta e appartenente a una delle più importanti famiglie di Firenze.

Il raggio della bellezza di Piccarda, la sorella, aggiungeva un che di sovrano alla famiglia Donati.

Piccarda! sì, sì. Com'era?

Molti giovani coltivavano per lei delle speranze d'amore, in segreto perché Piccarda sviava ogni conversazione mondana, non dava appigli, aliena dalla civetteria; nel suo viso un pensiero che la faceva diversa. In verità si era già dedicata, come presto lo palesò entrando nel convento francescano di Monticelli vicino a Firenze.

Spesso le ragazze venivano rinchiuse nel chiostro per tristi ragioni, fondamentale la primogenitura, non dividere il patrimonio. Piccarda no, era bella e indipendente, si avviò al monastero solo per virtù. E che commenti, che paurosi sussurrii per Firenze quando il fratello Corso, lo squadrista, penetrò nel convento e tra gli stridii, le implorazioni della madre superiora e delle suore si portò via la sorella Piccarda, la rubò alla castità per offrirla in nozze a Rossellino della Tosa, suo stretto amico e con questo matrimonio cementare la loro fazione.

Guido da Polenta domanda e domanda. Ai personaggi più maestosi la sua voce si fa più intensa, il silenzio di attesa più profondo. Il Papa, Bonifacio VIII, era così avido per sé e per la Chiesa? arpia di ogni prepotenza?

Dante risponde con serenità, dimostra il rispetto, la reverenza per chi indossa il Sacro Manto. Quando il vento della poesia non percorre la sua anima è un uomo di scienza, attento a ogni legge; ed anche calmo illustratore dei suoi stessi versi, indica la via che seguì.

Guido Novello, ascoltando, è costretto a riflettere sul coraggio di quell'uomo che solo, povero, senza patria, ha sfidato ricchi e potenti, ha messo alla gogna gente ancora in vita e tronfia di comando, ha inchiodato nell'obbrobrio peccatori appartenenti a superbe famiglie, col culto della vendetta, livide di orgoglio; è stato il paladino della giustizia.

Però qualche sera è Dante invece a domandare e Novello a rispondere, e qui si potrebbe assistere a uno dei segreti dell'arte di Dante, a come fa per aggrumare in pochi versi tutta una storia, a far indovinare nella musica di poche sillabe una complicata vicenda.

Dante dapprima studia, medita, pondera, si impadronisce di ogni particolare come uno scienziato, con la massima esattezza, e poi, quando la poesia batte le ali, allora scoccano le insostituibili parole, ecco *il volgare* che si tramuta in una lingua insieme fresca e antica, una lingua capace di scolpire ed essere melodiosa, narrare il freddo del Nord e il profumo di Oriente.

Dante è sempre stato attento a ciò che accade in Italia e anche fuor dai confini, conosce le intime storie delle famiglie e il luogo dove queste si svolsero. Quanto è stato curioso della geografia!

Chi gli è davanti è Novello da Polenta, il nipote di Francesca, quella di Paolo, i due cognati bruciati dall'amore. Come non approfondire quel che accadde? seguirne ogni passo, ad uno ad uno toccare tutti i personaggi? anche gli oscuri come i servitori che a causa dello spionaggio rendono fatali gli avvenimenti?

Francesca, anzi *Franceschina* – che così era chiamata – era figlia di Guido da Polenta "il vecchio", e quando fu da marito, come di solito in quel tempo, fu usata per la politica, per stipulare la pace, per rinverdire un'alleanza. Era una ragazza tiepida ai baci, e invece fu uno sciancato, uno zoppo che l'abbracciò, insieme a lui passò la prima notte e le seguenti.

Questo malfatto marito, Gianni Ciotto Malatesta, era il signore di Rimini.

Gianni Ciotto aveva un fratello che si chiamava Paolo; questo invece snello, aggraziato e anche bravo in politica, che fu a Firenze nel 1282 Capitano del popolo e conobbe Dante. Ma poi era ritornato a Rimini e le occasioni di incontrare la Franceschina erano continue, finché si innamorarono.

Gli sciancati rizzano subito le orecchie e sono libidinosi

di vendetta. Ci fu chi lo avvertì della tresca; lui tese l'agguato, li sorprese, uccise moglie e fratello.

Fu una storia che corse per i castelli d'Italia, con stupefazione ripetuta dal popolo, la Francesca descritta bellissima.

Dante domanda a Guido da Polenta particolari che solo un familiare può dare, quale fu la stanza del castello che si tinse di sangue, l'ora, l'arma usata, chi la spia, chi manualmente aiutò il marito nella vendetta: innanzitutto chiede di Franceschina, della zietta, come aveva gli occhi, i capelli, la figura, quale il timbro della voce.

– *Bologna generosa.*
– *Giovanni del Virgilio, il professore.*

Intanto da Bologna arrivava un mormorio che crebbe fino a toccare di gioia l'affaticato cuore del poeta. La simpatia dei bolognesi per Dante era di vecchia data, già tanti anni prima un notaro copiava con cura nel margine di un suo atto il sonetto della Garisenda. Oggi però oltre conoscere sue canzoni e poesie i giullari a Bologna cantano le terzine dell'Inferno e del Purgatorio, Dante è ascoltato nelle taverne, tra il popolo del Foro Boario, nel sobborgo di Porta San Felice, ed anche tra i signori di Strada Maggiore. Ognuno ha i suoi versi, adatti per lui. Certi canti però sono di tutti, quelli dell'amore di Francesca e lo strazio paterno del conte Ugolino. A volte si pescano versi con riferimenti locali, si ride dei Frati Gaudenti e il giullare sospende l'accompagnamento musicale e spiega come e qualmente Venedico Caccianemici lusingò il marchese offrendogli la sorella.

Ormai a Bologna è consuetudine, i notai tra una trascrizione e l'altra vergano una famosa terzina, quando debbono fare una prova di penna pitturano un verso della *Commedia*, l'inizio di una canzone, e, in Comune, nel "Memoriale", nei margini, ancora si cita Dante. Eppure Bologna è in mano al Papa ed esiste un certo editto, un ordine, che se si pesca un esule di Firenze, uno sbandito, subito lo si deve ficcare in prigione.

C'è di più per la sacerdotale Bologna, il nome di Dante oltre che per i versi risuona anche per la *Monarchia*, un libro che scotta, vi è scritto che il Papa non deve immischiarsi con le faccende dell'Impero, le cose sacre sono separate da quelle carnali. Anzi questa *Monarchia* alcuni, è vero, se la passano di nascosto, ma altri la vorrebbero bruciare come quel Del Poggetto cardinale.

A riprova che questa notorietà bolognese non è un gioco, faccenda di moda, un professore dello Studio, della famosa Università di Bologna, professore di retorica e poesia, il Giovanni del Virgilio – che appunto per amore a Virgilio aveva aggiunto al suo nome quello del poeta latino – uno di quei professori come sempre ce ne sono, penzolanti nella retorica e nel manierismo e poco sul verone della poesia, scrive a Dante una lettera, gli invia un carme dove gli dimostra ammirazione e reverenza e a un certo punto giù per su esclama: "Ah! se lei scrivesse in latino invece che in quella linguaccia plebea, in volgare! Ma lo sa che se lei cantasse in latino per esempio del Gran Cane che batte i padovani, o Uguccione della Faggiola che le mena ai Neri di Firenze, noi lo potremmo incoronare poeta, qui a Bologna, all'Università, tra le ovazioni dei ginnasiali".

Questa di invitarlo a scrivere in latino è un'altra dimostrazione come sempre i professori poco capiscano e purtuttavia era tale la forza della poesia di Dante che anche le loro teste ne erano state toccate. Non capiva il Del Virgilio che Dante col volgare aveva una lingua sua, libera e vergine, da forgiare, che per lui stesso sarebbe divenuta grande come il latino. E nei secoli successivi altri professori come il Del Virgilio secondo il loro costume avrebbero tentato di ammanierarla.

Dante a questo carme del professore risponde con un'egloga, cerca con delicatezza di spiegare al celebre professore come stanno le cose e ammicca anche a quel certo bando contro gli esuli fiorentini che se sono pescati a Bologna possono finire in una segreta.

– *Di nuovo il mestieraccio. Un'altra ambasceria.*
– *A Venezia.*
– *L'abbazia di Pomposa.*
– *Muore. Mai ci fu un volto così bello.*

Sì, sì e sì: rispettato, anche riverito, con la fama di sapientone, ma quando sorgevano le difficoltà risaltava fuori il suo mestieraccio: di nuovo negoziatore, diplomatico, ambasciatore, specialista in eloquenza.

Ravenna da tempo era in istridore con Venezia, reciproci gli screzi, per i dazi, per il sale, per la pesca; a rimando si sequestravano le barche. Lungo tutta la costa un rosario di ripicche, di ingiurie, che spesso finivano in violenze.

Un giorno il Maggior Consiglio di Venezia dichiarò guerra a Ravenna. E a riprova di come si campava bene nel Trecento, che bel visino avevano i vicinanti, immediatamente anche Ordelaffi di Forlì fece lo stesso; e così i ravennati se ne trovarono due alle costole. Due nemici che – anche presi uno alla volta – eran più forti di loro.

Guido Novello si trova alle basse, corre ai ripari; domanda consiglio e aiuto anche a Dante. Quante volte il poeta ha affrontato ambascerie! Ne ha battuto di passi per raggiungere il tale e talaltro staterello, ha percorso pianure, infilatosi in gole di monti, costeggiato il serpeggiare di fiumi; a volte gli è apparso il celeste del mare. È stato costretto a bersi così tanta geografia che poi se ne ritrovò ricco per la *Commedia*.

Dante a Novello non dirà certo di no; andrà a Venezia a negoziare. È anche il suo interesse, ormai Ravenna la sua seconda patria. E c'è la gratitudine, è Novello che lo ha accolto, gli ha fatto rigustare il tepore di una casa, lui il protettore della figlia suora nel vicino convento degli olivetani, e ancora lui che ha favorito il figlio Pietro per ottenere rendite, benefici di due chiese ravennati.

Il viaggio per arrivare alla città della laguna dura circa tre giorni. Mentre si percorrono terre e si traghetta, si discute sul prossimo incontro, si avrà da fare con astuti e cinici governanti, di niente appassionati se non dell'interesse.

Dante studia con gli altri dell'ambasceria le vie delle concessioni, come arrivare alla pace col minimo delle pene.

Arrivano alla città della laguna ma non c'è tempo per lasciarsi cullare dal ciambrottìo dei canali, proibito, impossibilitato indugiare davanti alle facciate gonfie di marmi. Le trattative premono, c'è la riunione, si scambiano burberità, saettanti rimproveri, pause, attese, il solito andirivieni di diplomatiche mosse.

Dante ha qualcosa che lo distrae, lo angoscia, è travolto dalla fantasia che di per sé si scatena, a ogni minuto delle scene maestose lo trasportano lontano dalla sala delle riunioni.

È la febbre, è la malaria. Resiste, deve fare il suo dovere, condurre come in passato secondo il suo intento, usare le sottigliezze, sorprendere, affascinare, sciogliere con soavità il negoziato, l'ambasceria, il diplomatico intrigo.

Questa volta non può, non può più, deve ritornare, a una stanza, alla sua casa. Sarebbe bello dire: "Firenze". Ma Firenze è negata. Oggi la sua patria è Ravenna.

Gli stessi veneziani, i controbattitori, si sono accorti, forse hanno avuto civile pietà. Alighieri brucia nelle pupille e nella pelle, brucia della più maledetta malaria. Dopo una notte passata tra le fiamme, si asciuga i sudori e inizia il viaggio di ritorno. Monta sulla barca, la laguna ha quel colore verde come degli occhi di una maga, capace di annunciare fortune e disgrazie. La barca si stacca dalla banchina, ecco Malamocco e Palestrina; a seconda dei beccheggiamenti della barca quelle lingue di terra appaiono ora giardini dell'Eden o invece abbandonati cimiteri. Al largo le vele dei pescherecci di Chioggia; spontaneo è immaginare l'argento dei pesci nelle reti.

A Chioggia Dante è costretto a montare a cavallo; che

stordimento e che volontà. Perché arrivano così folti i ricordi del passato?

Dorme a Loreo, insieme alla cotonosa febbre che a tratti cade con copiosi sudori, e lo lascia nello spossamento.

Avere la forza di rialzarsi. Sulle chiatte si attraversano le diverse branche del Po, il delta; zattere dove si carica di tutto, uomini e bestie.

Finalmente, mentre i raggi del giorno stanno inclinando, ecco l'abbazia di Pomposa. Rifrangono le maioliche della torre, le terrecotte; la chiesa con finestre e transenne è una eleganza. L'abbazia è un fortilizio che i benedettini difendono dalla malaria; con instancabile lena, con fanatismo, coltivano orti, piantano alberi, la circondano di verde. La palude intorno ghigna e vince, specie in quel mese di settembre alle prime fragorose piogge; le fosse, gli stagni, le pozzanghere si stanno riempiendo e i detriti, le melme che il secco dell'estate aveva convertito in polvere, rigonfiano, rifioriscono, le uova maturano, si spaccano i gusci. Le zanzare con le loro nauseanti trombette sono l'esercito di quel regno.

Un altro giorno di viaggio per entrare nella sua casa, vicino alla vecchia Gemma, ai figli, Pietro, Iacopo, alla figlia suora. Ecco Comacchio delle anguille, di nera terra, e infine la pineta di Ravenna, il verde mormorio dei pini, la purezza delle resine, i freschi canali, il fiume Padenna e già, senza quasi avvedersene, con scarsa nozione degli atti, è nella sua casa, tra le lenzuola, i visi dei familiari vicinissimi. Bello il silenzio rotto solo dall'umile sussurrio di chi lo assiste. La pace sta arrivando, quale serena visione di Firenze, la piccola San Martino presso casa sua, l'ombra della navata in San Pietro Scheraggio, i vicoli notturni quando vi arriva la luna.

I familiari si sono accorti che Dante è per morire. Stranamente il suo viso aveva ripreso i tratti giovanili.

Riconosce il francescano chiamato in fretta; già c'è l'accordo che lo seppelliranno nella vicina chiesa di San Francesco. Intravede Guido Novello, il notaio, giovani volti di allievi. Non esiste più alcun nemico, nessun avversario. Quante bambinesche giravolte fa l'Arno prima di arrivare a Firenze; deve spedire a Can Grande gli ultimi canti del Paradiso. Finalmente la pace. Neri e Bianchi sono laggiù, pallidi. Per un attimo grandeggia Giano della Bella.

La figlia suor Beatrice accomoda le lenzuola. Ora Guido Novello gli sorride. Che dolce sonno. L'accoglienza di San Francesco.

« Non respira più » piange sommessamente la figlia.

Mai ci fu volto così bello, insieme alla morte.

Era la notte tra il 14 e il 15 settembre 1321.